TRAINING EFFECTIVENESS
EVALUATION

培训效果评估

肖海燕　朱春雷　著

电子工业出版社

Publishing House of Electronics Industry

北京·BEIJING

图书在版编目（CIP）数据

培训效果评估 / 肖海燕，朱春雷著. -- 北京：电子工业出版社，2024.9. -- ISBN 978-7-121-48548-0

Ⅰ．F272.921

中国国家版本馆 CIP 数据核字第 2024TB2957 号

责任编辑：李楚妍（licy@phei.com.cn）
印　　刷：天津千鹤文化传播有限公司
装　　订：天津千鹤文化传播有限公司
出版发行：电子工业出版社
　　　　　北京市海淀区万寿路173信箱　邮编：100036
开　　本：720×1000　1/16　印张：19　字数：364.8千字
版　　次：2024年9月第1版
印　　次：2024年9月第1次印刷
定　　价：79.00元

凡所购买电子工业出版社图书有缺损问题，请向购买书店调换。若书店售缺，请与本社发行部联系，联系及邮购电话：（010）88254888，88258888。

质量投诉请发邮件至 zlts@phei.com.cn，盗版侵权举报请发邮件至 dbqq@phei.com.cn。

本书咨询联系方式：（010）88254210，influence@phei.com.cn。微信号：yingxianglibook。

培训的力量

2008年4月，25岁的我工科硕士毕业，由于各种机缘，我选择进入培训行业，开始了16年的求索。初入培训行业，我是开心的，因为可以旁听很多外部和内部组织的课，在课堂上还可以听到各个业务经营单元大佬们的观点。及至熟悉培训项目的运营流程后，我开始独立负责员工的培训项目。不久这份工作开始让我痛苦不堪，以致陷入极大的精神内耗，因为我没有明白一件事："培训的价值到底是什么？培训应该怎么做？"一年多的时间里，每天上班下班的路途中我都在扪心自问："培训有什么意义，我的价值到底是什么？"2011—2012年，公司领导带我和同事们参加培训专业的公开课，其中学习路径图方法论的观点让我醍醐灌顶，也指引我这么多年一直坚守在培训领域。

"培训的价值到底是什么？"这是每一个有理想的培训人避不开的问题。是培训了200位新员工，还是组织了一次成功的中层储备干部培训项目，抑或是开发了100门课程、培养了300名讲师和带教教练？是学员满意度次次都在95分以上，还是学员考试都能得90分，抑或是公司高层在年度总结会议的时候说"今年的培训做得不错"？我认为这些都不是培训的价值，充其量是做了那么一点儿小事情。那么，培训的价值到底是什么？

教育心理学家加涅在他《教学设计原理》一书的开篇就问道："没有教学，学习也会发生吗？"紧接着他回答："当然会。"因为学习是一个自然的过程，而教学的目的是帮助人们学习、促进人们有目的地学习。作为职业教育的生发之地，企业培训部门的价值也正是源于这个根本的道理：企业培训的价值在于帮助员工有目的地学习，进而加速员工成长。学习路径图方法论的观点也是如此："培训的价值就是缩短员工的成长周期。"

那怎么帮助员工有目的地学习及缩短员工的成长周期呢？或者这么说，假使我们现在所有的培训都是在帮助员工有目的地学习及缩短员工的成长周期，你怎么验证和证明呢？面对来自公司高层和业务部门用不屑的口气说着绝无半点儿错误的话，诸如"啊，培训是有点儿用的"，该怎么回应？或者当我们想开展某个培训项目时，怎么解决业务部门爱搭不理的态度呢？特别是，随着我国产业结构的升级和对规模化、持续化的知识型、技术型人才的渴求，作为职业教育领域中的一员，我们怎么担负起历史发展进程交到我们手中的重任呢？这些正是笔者写这本书的初衷和宗旨。

当代教育心理学家梅耶（Richard E. Mayer）把评估作为应用学习科学的三个基本要素之一。布卢姆等编制的《教育目标分类学》的主旨是把分类学作为一种促进测验工作者、教育研究者和课程编制者之间交流观点的方法。被誉为现代管理学之父的彼得·德鲁克说："无法测度，就无法管理。"这些都说明了培训效果评估在培训工作中的重要性。因此，本书的目的并不是让培训管理员们定量地自证贡献，而是期望能通过培训效果评估的专业性来促进企业培训的专业性和提高员工学习的有效性，借此展示出培训对企业人才培养应有的力量。

本书在第一章中以澄清评估、培训评估、培训效果评估三者的概念及三者之间的关系为引子，以人类的四种根能力及知识的四种类型及其认识过程为基石，说明培训效果评估的三个测量纬度：员工的技能胜任程度、绩效与技能的关系、员工技能胜任的加速度。并在第二章至第七章中通过六个步骤开展培训效果评估，分别是：制作员工技能的测量工具（第二章）、选择员工样本（第三章）、收集和预处理数据（第四章）、描述和估计员工技能的特征（第五章）、检验员工技能提升的显著性（第六章）、建立绩效与技能的关系模型（第七章）。

　　培训效果评估是哲学、教育学、数学学科在培训领域的交叉应用，本书第一、二章以知识论和认识论、教育测量学为理论基础，第三、四、五、六、七章以统计学、概率论、数理统计为理论基础。笔者在16年培训实战、13年学习路径图构建和培训效果评估的实践基础上，引用学科的基础理论，并力求把基础理论描述得浅显易懂和易用。

　　哲学家罗素[①]在他的《幸福之路》中说："一个人应该能获得幸福，唯一的条件是，他的热情与兴味向外而非向内发展[②]。"值得庆幸的是，我们培训工作者所做的工作，正是这样一件"向外而非向内"的事，人生漫长而又短暂，愿每一位培训人都能早日从"培育他人，成就自己"中找到幸福。

　　然后，对本书做一点儿自我推荐。我认为，这是一本值得每位培训管理员人手2本的书，案头放一本，时常翻阅，朋友送一本，相互论证。做如此毫不害臊的自吹自擂，绝不仅仅是为了推广本书的思想，笔者还有一个愿望：以此书抛砖引玉，齐大家之努力，共同推进培训效果评估及培训工作的进步。

---

① 罗素（1872—1970），英国哲学家、数学家、逻辑学家、历史学家、文学家，分析哲学的主要创始人。代表作有《西方哲学史》《哲学问题》《数学原理》《数学的原则》《论分析》《逻辑原子论》《事实与虚构》《逻辑与知识》《幸福之路》等。
② 本句引用自傅雷翻译的《幸福之路》，作家出版社，2023年10月第6次印刷版。

因为笔者资质有限，时间急迫，本书尚存在举证不全、考证不严的情况，请大家一起纠错，一起讨论。

最后，感谢恩师朱春雷先生的率先垂范和谆谆教诲，朱老师让我学到了十年磨一剑的坚韧、敢于质疑的勇气及能在实践中不断钻研和验证的方法；感谢朋友们的支持，与志同道合的人一起走过漫漫人生路，是一件很幸福的事；感谢家人在我成长过程中的包容。

肖海燕

2024年2月于杭州

无法描述，就无法衡量

在浩瀚的知识海洋中，每一次理论的革新都是对传统观念的勇敢挑战，也是对挑战者自身信念的严峻考验。回首12年前，我在社交媒体上对柯氏四级评估方法提出了质疑。那时，尽管赫赫有名的柯氏四级在实践中已被证实存在局限，但仍有不少培训界人士对其盲目推崇。我以10万元的悬赏，挑战那些声称能够成功实施柯氏四级评估的人。这一行为，激起了波澜，引来了非议。那些权威理论盲信者或是利益相关的人，对我进行了攻击，给我贴上了种种负面标签。不立不破，我选择了沉默，直至学习路径图方法论的成熟。

正如卡普兰在《战略地图》序言中所言："如果你不能描述，那么你就不能衡量。"柯氏四级评估方法的不足，就在于它未能基于科学的培训理论。培训评估的方法论，本质上是对培训的深刻理解。没有对培训的目的、内容和方法的透彻洞察，是无法构建出一套科学的培训评估体系的。

经过40年不懈地探索和验证，我的师傅、我本人及我的徒弟们有幸确立了学习路径图方法论。这套方法论，以逻辑学、认识论、心理学和统计学为学科基础，包括培训的部分，也包含评估的部分，是基于对职业教育科学规律的深刻洞察，并得到了 3000 多个职业岗位的验证。当然，我们也清醒地认识到，学习路径图方法论并非终极真理，它只是一个阶段性的成就，其潜在的盲点仍待未来的探索者去揭示。

 谨以此书，献给坚韧和勇气。

朱春雷

2024 年 2 月于上海

1

第一章

培训效果评估的内涵

本章你将学到的内容

◎ 评估、培训评估与培训效果评估的关系。

◎ 培训评估的对象、内容、基本原则和方法。

◎ 人类的四种根能力及其培养方法。

◎ 知识的四种类型及其认识过程和认识目标。

◎ 培训效果评估的三个测量，以及培训效果评估的三维模型。

◎ 员工技能胜任水平测量的五个一致性原则。

第一节　培训评估的对象、内容、原则和方法

一、评估是一种普遍的思维形式

康德说：知识就是判断。包括对事物或事件的质、量、关系和模态的判断。

质是指事物或事件的特性和本质。质的判断就是对事物或事件具有或者不具有某种特性和本质的判断，例如人是能制造工具并使用工具进行劳动的高等动物，自然科学不是上层建筑。**量**是指事物或事件在空间和时间维度上的存在形式，这些存在形式包括形状、长短、大小、宽窄、高低、多少、疏密、轻重、快慢。量的判断就是对事物或事件存在形式的判断，例如人在地球上有体重，但人到了太空中就失重。**关系**是指事物与事物之间、事件与事件之间、事物与事件之间关于质或者量的联系。关系的判断例如经济基础决定上层建筑，战争导致油价上涨，事实胜于雄辩，一堆沙子由很多粒沙子组成。**模态**是指事物或事件的可能性或必然性，以及人的行为的规范性。模态的判断例如明天可能下雨，任何人都会犯错误，人人必须遵守交通规则。

评估就是对事物或事件的质、量、关系和模态的判断。因而，从广义的角度来说，评估就等于知识[①]（此处为动词，指认知和识别事实和客观

[①] 知识有动词和名词之分，详细见本章第二节"知识的4个类型及其认识过程、认识目标"。

规律的过程）。任何三维时空下的事物和对象都可以被评估，我们无时无刻不在无意识或有意识地进行评估。例如：

（1）这家餐馆的菜很好吃。

（2）这个姑娘比那个姑娘漂亮。

（3）这名中年人是那个小伙儿的父亲。

（4）明天可能会很热。

又例如：

（5）我们按照性格匹配程度、个人发展能力、家庭背景、颜值等标准去找对象。

（6）我们按照行业、公司规模、发展机会、薪酬待遇等尺度去找工作。

（7）我们按照城市文化、发展前景、经济水平、物价情况等依据去选择定居的城市。

由此可知，任何具体的**评估**行为都是预设标准、尺度、依据或者测量工具，并据此对事物或对象的质、量和模态做测量，以及对事物和事物之间、对象和对象之间的关系做推论，然后下结论的过程，它是人类的一种普遍的思维形式。同义词还有评价、测量、考核、检验等。

评估有两种类型，一种是无目的/目标的评估。例如，我们在与任何人的接触中都会不由自主地在心中做评价"他是一个×××的人"，哪怕这个人跟我们没有任何利益冲突、毫无干系，这种评估是人类本能的反应，上述例子中的（1）（2）（3）（4）都属于无目的/目标的评估。第二种类型是有目的/目标的评估。例如，我们去找一家好吃的饭馆，"找好吃的"就是目的，基于这个目的我们从菜品、口感等维度去定义好吃的标准，上述例子中的（5）（6）（7）都属于有目的/目标的评估，这种评估是人类主观能动性的反应。

二、培训评估及其对象和内容

（一）培训评估及其对象

培训评估是评估的一种，它属于有目的的评估范畴。**培训评估**是为了达成培训的目的/目标而对培训活动整体的分析与评价，评价的对象涵盖培训需求分析、培训方案设计、培训资源开发、培训活动实施和培训效果评估共5个环节（见图1.1）。

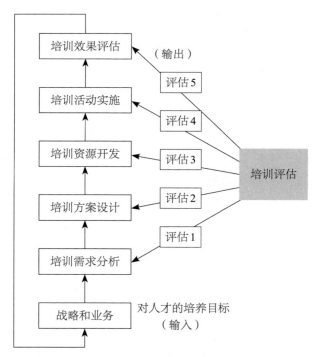

图1.1　培训评估的目的/目标和5个对象

战略和业务触发培训，即战略和业务对人才的培养要求或目标是培训和培训评估的起点，这个起点是企业中任何一个培训项目的输入。基于这个输入，培训管理员依次开展培训需求分析、培训方案设计、培训资源开发、培训活动实施和培训效果评估。但培训管理员并不是机械地、惯性地执行这5个环节，而是应该从人才的培养目标开始，依次检验这5个环节的正确性，即检验需求分析的结果、设计的方案、开发的资源、活动实施的过程、效果测量的结果，从而检验和控制每个环节的质量。这5个检验的整体就是培训评估。以下就人才的培养目标和5个评估做详细阐述。

（二）培训评估的内容

1. 人才培养目标的澄清与共识[①]

从战略、业务和公司高层等宏观层面来说，培训的目的/目标就是培养出符合公司需要的人才。这个"符合公司需要的人才"包含两层含义，一是人才质量和数量符合需要，例如基于公司战略要求，今年需要培养出100名区域经理，那么截至今年12月31日，培训部门就得交出100名后备干部，质量要求是把这些后备干部放到区域经理岗位上他们能独立工作，而不是这些后备干部上岗后还需要上一级指导他们如何工作，甚至帮助他们完成工作。二是人才的培养效率符合需要，例如上述100名区域经理的培养周期要求是一年，培训经理对100名后备人员的培养时间就是不超过一年，而不能是一年3个月。

培养符合公司质量、数量要求的人才，且培养效率符合人才需要的时

---

① 对人才培养目标的澄清与共识，属于广义的培训需求分析。本文将其与狭义的培训需求分析区分开来，一是表示强调；二是因为对人才培训目标的定义，尤其是对人才质量标准的定义，突破了培训部门、人力资源部门的范围。该标准需要业务部门的大力投入，甚至应该是以业务部门定义为主，而培训部门和人力资源部门是提供人才质量标准定义的方法论。

间，是培训最终的目的/目标，具有普遍性。培训工作人员如果认不清这个目的/目标，就会在培训工作中闹笑话，甚至让高层、业务部门认为培训不产生价值。在实际的培训工作中，很多培训管理员把培训的过程和手段当目标，例如，一些培训管理员在年度培训总结时会汇报每年组织了多少场次的培训项目、覆盖了多少名员工、开发了多少门课程、培养了多少名讲师，自认为干了很多活儿、干得很辛苦。可是站在高层或业务需求部门的视角，这些场次的培训项目、覆盖的员工数量、开发的课程、培养的讲师与他们需要的人才又有什么关系呢？培训部门施展了诸多手段，付出了如此辛苦的努力，到底有没有培养出公司需要的人才？如果培训提交给高层和业务需求部门的报告是这样的："今年我们培养出100名能上岗的中级工程师，用了10个月，比行业平均水平快30天，比历史培养周期快15天。培养这些人我们所花的资源和成本是组织了9场项目、覆盖了120名员工、开发了15门课程、培养了30名讲师，其中开发的15门课程和培养的30名讲师还可以用于下一批次的中级工程师人才培养。"这样的汇报，是不是就把培训工作的结果与公司要求对应上了，同时也展现了培训工作的独特价值。因此，在决定开展一个培训项目前，与业务部门确认、澄清人才的质量、数量和培养效率并达成共识，是培训工作的重中之重、当务之急。

2. 对培训需求分析^①的评估（评估1）

在培训需求分析环节，评估所需要回答的问题是需求分析与业务需求的人才培训目标（质量、数量和效率）是否一致。人才培训的三个目标（质量、数量和效率）中，数量是显性且明确的，在需求分析环节不需要

① 本文的**培训需求分析**（狭义）指的是依据业务部门定义的人才质量标准，而开展的员工技能现状分析和员工技能差距分析，以及员工数量的缺口分析和员工培养时间的差距分析。

做一致性评估；质量和效率是隐性且模糊的，在需求分析环节要做一致性评估。

关于人才培训质量的一致性评估，具体拆解为3个问题。（1）业务需求的人才培训质量目标是否已经定义明晰。例如某家工程公司培训部门和业务部门一起确定的中级客户经理岗位人才培训质量目标（见表1.1），列明了要胜任该岗就必须能执行4个典型工作任务下的10项工作行为，并产出正确的结果。（2）员工的技能差距是按照业务需求的人才培训质量目标分析的吗？（3）是否挑选了有代表性的样本来做员工技能差距的测量。上述问题中，问题（1）是问题（2）的前提。

表1.1　某公司中级客户经理岗位的人才培训质量目标

任务	序号	工作行为	衡量标准
分析客户需求	1	解读图纸	正确执行工作行为，并产出正确的结果
	2	分析现场环境	
	3	分析报价影响因素	
制订合作方案	4	提出技术需求	
	5	解读技术方案及材料清单	
	6	协商合作模式	
商务洽谈	7	阐述合作方案	
	8	答疑及引导	
维护客户关系	9	分析客户特征、需求、喜好	
	10	编制客户维护策略	

实际工作中，关于人才培训效率的一致性评估是比较容易忽略的，培训管理员往往会以年度、员工定岗周期等做参考，制订培训项目周期，但这些培训项目却没有员工成长周期的概念。关于人才培训效率的一致性评估也具体拆解为3个问题：（1）员工当前的成长周期是多少？（2）员工当前的成长周期符合业务部门的需要吗？（3）如果不符合，业务部门期

望的员工成长周期是多少?

3. 对方案设计的评估(评估2)

在方案设计环节,评估所需要回答的问题是培训方案是否与需求分析的结果相一致,具体拆解为4个问题。(1)学习内容是否全部覆盖员工技能差距所需要的知识,且学习内容不过载。(2)定义的学习目标是否支持员工技能的达成。(3)设计的学习活动是否支持员工达成学习目标。(4)规划的学习时间是否符合业务期望的时间。例如上述公司在需求分析环节分析员工技能差距后发现43名客户经理在分析客户需求这个任务中的第一项和第二项的工作行为执行得比较差,平均分(5分制满分)分别是1.75分、2.13分。因此培训管理员针对这2项工作行为进行了员工的学习内容分析、目标定义,设计了学习活动,规划了学习时间,并邀请业务专家一起通过前述4个问题来检验方案设计的准确性(见表1.2)。

4. 对资源开发的评估(评估3)

在资源开发环节,评估所需要回答的问题是学习资源是否与培训方案相一致,具体拆解为2个问题:(1)开发的课程、案例、辅导手册、员工在岗练习实战/模拟题、自学资料、形成性测验[①]的考试题和总结性测验[②]的考试题是否全面地反映了学习内容及其学习目标;(2)讲师是否已经明确了课程、案例里的知识点和课堂的学习活动,带教导师是否明确了辅导手册的知识点和带教任务。

[①] **形成性测验**是在培训过程中实施的,旨在获取员工的知识、技能的习得情况的测验,具体见第二章。

[②] **总结性测验**是在一个任务培训完成或所有任务培训完成后实施的,旨在获取员工技能水平的测验。

表1.2　某公司方案设计的评估

员工技能差距			方案设计			
任务	序号	工作行为	学习内容	学习目标	学习活动	学习时间
分析客户需求	1	解读图纸	图纸的20项关键信息	1. 理解并描述20个关键信息项的概念 2. 识别出20个关键信息项	1. 培训：讲解20个关键信息项，并示范 2. 练习：给出2张图纸，让员工识别关键项	2周
	2	分析现场环境	自然环境信息9大模块32个子项	1. 理解9大模块的概念，记忆32个子项 2. 识别32个子项	1. 培训：在公司附近2公里的工程实地讲解自然环境信息的32个子项 2. 练习：员工自行选择一个地貌，完成32个子项的识别并形成报告	

培训评估2：对方案设计的评估

1. 学习内容：全部覆盖员工技能差距所需要的知识，不过载
2. 学习目标：支持员工技能的达成
3. 学习活动："识别32个子项"这一学习计划，对应的练习针对性不足，且员工较难自行去完成，存在无法达成学习计划的风险
4. 学习时间：符合业务期望

5．对活动实施的评估（评估4）

在培训活动实施环节，评估所需要回答的问题有2个，一是培训活动计划是否与培训方案相一致，即详细的培训实施计划是否是按照方案中的学习活动安排的，实际的培训活动是否是按照实施计划组织开展的，例如员工完成相应频次的在岗练习了吗，员工形成性测验按照规划的时间开展了吗；二是各个具体的培训活动是否与学习资源相一致，即讲师是否按照课程要求授课、导师是否按照带教要求带教等。

6．对培训效果的评估（评估5）

在培训效果评估环节，评估所需要回答的问题是员工的学习效果评估

是否与需求分析及业务需求的人才培训目标（质量、数量、效率）一致，具体展开就是：

（1）员工培训结果满足培训人才质量和数量要求的程度。例如，培训目标是学员胜任岗位的5个工作任务，结果所有学员只胜任4个工作任务，则符合培训目标的员工培训数量达成率[①]为0，所有员工的培训质量达成率为80%。又比如，只有一半的学员胜任了5个工作任务，另外一半的学员胜任4个工作任务，则培训数量的达成率为50%，还有50%的学员的培训质量达成率到了80%。

（2）在相同的培训结果下培训时间的投入程度。例如，培训目标是100名学员胜任了岗位的5个工作任务，李经理在第一年使用培训方案A用了1.5年达成该效果，第二年换了培训方案B用了1年就达成该效果，说明方案B比A的培养效率高。

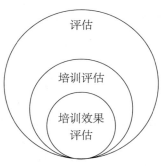

图1.2　评估、培训评估、培训效果评估的关系

从上述5个评估，我们发现培训评估不是培训效果评估，前者是整体性的、全面性的，它既包含对培训效果和效率这个培训的最终结果的测量和呈现，也包含为达成这个结果而对培训全过程的评估和控制；后者只是针对培训效果和效率的测量，前者涵盖后者。评估、培训评估、培训效果评估的关系如图1.2所示。

---

① 数量是在符合质量要求的前提下才能进行统计计量。没有质量的数量毫无意义，唯有以质量为基础的数量才构成真正意义上的数量。

三、培训评估的基本原则和方法

（一）保持各环节之间的一致性

依据培训评估5环节的具体内容，我们发现这些环节相互区别，又相互联系。我们在执行培训评估时，一定要区分各环节的差异性。在培训工作中存在两个普遍的现象。一是把需求分析、方案设计与资源开发这3个环节混为一谈。例如在需求分析环节使用课程清单去调研员工的需求，就是混淆了需求分析与方案设计；拿到一个课程主题就做PPT开发，就是混淆了方案设计与资源开发。二是使用学员满意度评估表作为培训效果的测量工具。这是错误的，事实上学员满意度评估是对需求分析、方案设计、资源开发和活动实施的评估，不是对培训效果的评估。

培训评估各环节的相互联系体现在两点：一是培训评估各个环节都服务于最终的目标，即都服务于人才的培养质量、数量和培养效率目标；二是培训各环节中，前一个环节的输出是后一环节的输入，这决定了培训评估每一环节要与前一环节保持一致性，即需求分析结果与战略业务的人才培养需求保持一致，学习内容和学习活动的设计与需求分析结果保持一致，课程、案例、辅导手册、考试题、讲师、带教导师等各种学习资源与培训方案保持一致，活动的组织与培训方案的设计和学习资源的要求保持一致，员工的学习效果与需求分析及业务需求的人才培训目标一致。培训评估的每一个环节与前面的环节保持一致，而不是割裂地对某一个环节进行评估，这就是培训评估的5个一致性。

培训评估的5个一致性中，最容易让人忽视的是需求分析与效果评估环节的一致性，这两个环节所使用的方法、工具必须一致，比如，培训需求分析环节使用了基于岗位典型任务的直接观察法，那么，在培训效果评估环节也必须使用该方法。在培训工作中，由于割裂各环节的联系造成了两个常见的现象：一是方案设计与需求分析脱节，例如需求分析的结果是需要提升员工的某项技能，但方案设计却是给员工培训一系列的课程；二是培训过程各环节重点不清。在实际工作中，初入培训领域的小伙伴经常在需求分析环节草草了事，而花大量精力在培训活动的设计和组织上，这是本末倒置的做法。培训评估各环节的相互联系说明了需求分析决定着方案设计，方案设计决定着资源开发，方案设计和资源开发决定着培训活动的实施。

（二）保证各环节工具的信效度

保持培训评估各环节之间的一致性，是一个总的指导原则，那具体怎么开展各环节的评估呢？这就需要培训评估的第二大原则，保证培训各环节工具的信效度。

1. 培训工具的信效度

培训工具的信度是指培训过程各环节所使用的方法、工具的可靠性，即需求分析、方案设计、资源开发、活动实施和效果评估各个环节所使用的方法和工具的稳定性。如果需求分析的方法和工具不可靠，那么按照此方法和工具分析的培训需求结果自然也无法可靠。同理，如果方案设计、资源开发、活动实施和效果评估各环节使用的方法和工具不可靠，又怎么能指望据此方法和工具产出正确的结果呢。

培训工具的效度是指培训过程各环节所使用的方法、工具的有效性，即培训流程5环节所使用的方法和工具的准确性。如果需求分析的方法和工具不准确，那么按照此方法和工具分析的需求结果如何能真实地反映员工的技能短板呢。同理，如果方案设计、资源开发、活动实施和效果评估各环节使用的方法和工具不准确，又怎么能得出正确的培训方案、培训资源、活动的组织和真实的培训效果数据呢。关于信度与效度详见第二章。

2. 培训5环节中各工具方法的信效度比较

（1）需求分析环节的信效度

需求分析要与人才培养目标保持一致性，而人才培养目标是最难描述和定义的。究其原因，有两个方面。一是业务部门并不知晓培训的语言，他们描述的是业务需求，例如提升销售业绩、增加新老客户数量、提升客户满意度、缩短客户等待时间等。但业务需求并不等同于培训需求（详见本章第二节），培训管理员首要做的就是将业务需求转化为培训需求，并与业务部门达成一致。二是没有专业的需求分析方法，因为缺乏专业的方法，造成培训部门在与业务部门对话时被业务部门牵着鼻子走，陷在业务语言里。

需求分析的信效度从两个方面来评估：一是分析工具的信效度，二是分析方法的信效度。具有较高信效度的分析工具有工作任务法、工作行为法、与工作行为强相关的学习内容并体现了学习程度的测试题（见第二章第三节）。而能力词典是信效度非常低的分析工具，课程清单是错误的分析工具。能力与任务，前者在没有澄清能力的分类、内容、测量和培养的方法时，呈现出来的是模糊的观念，而后者是事实。用事实与业务部门对话，清晰明了；用观念和业务部门对话，只能是"以其昏昏，使人昭昭"。笔者在咨询业有个朋友，他吐槽说使用某能力词典给客户做需求分析，客户让一遍又一遍地修改，做个需求分析脱一层皮，我打趣儿他"方法不对，努力全费"。

除了分析工具的信效度，还要关注分析方法的信效度。目前培训评估主要使用6种方法：访谈法、问卷法、观察法、文献法、实验法（包含亲身体验和各类测试）、专题讨论法（专家会议）。需求分析常用的是访谈法、问卷法、观察法、专题讨论法，无论使用何种方法，都需要对信息做到去粗取精、去伪存真、由此及彼、由表及里的统计整理、真伪检验、关系辨别。错误的分析工具和分析方法产出的需求分析结论，与员工的真实技能差距较大。

最后，再次强调一下需求分析的重要性，需求分析是培训工作的起点，正确的分析工具和分析方法才能产出正确的员工培训需求，才能正确地指导后续培训其他诸环节。就如毛泽东在《反对本本主义》中所说：调查就像"十月怀胎"，解决问题就像"一朝分娩"，调查就是解决问题。

（2）方案设计环节的信效度

方案设计体现在3个方面，分别是知识分析、学习目标定义和学习方案设计。评估这三者信效度的方法分别是检验知识分析法、学习目标定义法的信效度，以及学习方案设计与知识分析和学习目标定义的一致性情况。

知识分类和学习目标分层见本章第二节"知识的4个类型及其认识过程、认识目标"，知识的4个分类和认识的4个层次符合事实和客观规律，具有较高信效度。错误的知识分类有KSA，见本书第29页"错误的知识'分类'：KSA"，不知所云的学习目标有机械记忆、与完成任务关联度较低的机械执行，这样学习的人，毛泽东在《改造我们的学习》中借用了明代文学家解缙一个很形象的比喻，如下：

墙上芦苇，头重脚轻根底浅；

山间竹笋，嘴尖皮厚腹中空。

学习方案的设计与知识分析和学习目标保持一致性的具体体现是，每一类知识都有其对应的学习目标，而要达成相应的学习目标，需要对应的学习方法（见表1.3）。

表1.3　知识类型、学习目标和学习活动的对应表

知识类型		学习目标	教学活动/学习活动
信息		记忆	1. 学员自学：电子微课/资料阅读/文献查阅 2. 导师检查：口头抽查/笔试
概念		理解	1. 讲师面授：讲特征和属性、举例子 2. 学员练习：判断（是非题）或识别（单选、多选）
原理原则		运用	1. 讲师面授：摆事实、讲道理、举案例 2. 学员练习：单人论述/案例分析/多人辩论 3. 学员总结与分享：汇报/答辩/写论文
工具方法	思维工具	运用	1. 讲师面授：讲过程、讲原理、讲案例运用 2. 学员练习：情景模拟/实操练习 3. 学员总结与分享：汇报运用场景及产出成果
	物理工具	运用	1. 导师带教：讲过程、讲原理、示范操作过程 2. 学员练习：情景模拟/实操练习

运用上表时，需要注意以下两点。

一是关于学习活动的数量选择。每一种知识类型对应的学习活动是全选，而不是选择一部分。例如针对概念这一知识类型，学习目标是学员理解，学习活动是学员听讲师讲和自己练，而不是只选择讲师面授这一种方式；又例如针对思维工具这一知识点，学习目标是学员运用，学习活动是学员听讲师讲、练习，还要总结和分享。这是一个完整的从感性认识到理性认识，再从理性认识到实践，再从实践深化理解的过程。其中，每一类学习活动中的具体形式可以全选或者部分选择，例如针对概念的学员练习，可以选择是非题练习，也可以选择多选题练习，至于全选还是多选，取决于学员的学习情况，学员基础强，少选一些；学员基础弱，多选一些，直至学员能达成学习目标。

二是关于学习活动的顺序。每一种知识类型在其对应的学习目标下，均包含3种学习活动，分别是学、练、测。**学**指的是自学和跟学，是建立对知识的感性和理性认识的过程；**练**指的是实践练习或模拟练习，是实现

从理性认识到实践的过程；**测**指的是测量、检查，是对学员技能习得水平的总结性测验。这3种学习活动中，"测"放在最后，频次上一般组织1～2次即可；"学"和"练"的顺序和频次可以自由安排，例如先练一练，再听讲师讲，再练一练。"学"和"练"的频次依然取决于学员能达成学习目标这个标准。

学习路径图方法论中，针对岗位典型任务的学习，学习目标是让学员能运用四类知识执行任务下的工作行为，对应的是综合学习方案。如表1.4，左边3列依次是职级、典型工作任务和工作行为（包含执行工作行为的知识类型和学习目标）。右边是为达成员工执行工作行为的5种学习方案及学习时间，从下往上依次是员工在第一个月完成各知识点的面授培训，在6个月内完成3次在岗练习且每两月完成1次，在6个月内完成阅读自学相关材料，在第一次和第三次在岗练习时接受导师辅导，在第七个月完成技能习得水平的总结性测验。

表1.4　综合学习方案

职级	典型工作任务	1. 工作行为1 2. 工作行为2 ……	第一个月	第二个月	第三个月	第四个月	第五个月	第六个月	第七个月
									总结分享
			导师带教（第一次）				导师带教（第二次）		
			阅读自学						
			在岗练习（第一次）		在岗练习（第二次）		在岗练习（第三次）		
			面授培训						

（3）资源开发和活动实施环节的信效度

这两个环节都是体力活，不难，但烦琐。重点说明2点：

首先，学员是主体。无论是资源开发，还是活动实施，均以学员"学"为目标，即学员是学习的主体；而不能变成是以"讲师讲""导师演""领导秀"等形式的低效活动。

其次，切忌形式主义。由于以"讲师讲""导师演"等形式的资源容易获得，相比较而言，以"学员学"为目的的模拟练习、实操练习、测试卷、练习题等资源的获取更耗费时间和精力，因此有些培训管理员干脆省略这些，以完成年度的培训项目数量为导向，而不是以培训的质量为导向。这种形式主义对组织、对个人都是一种伤害。

（4）培训效果评估环节

该环节的最基本原则是保持与需求分析的一致性，即需求分析出员工缺啥，最后仍然是检查员工的差距是否弥补。不能是员工缺A，然后用B去检验。更可怕的是不知道员工缺A，然后做了一个学员满意度评估，或者做了一个充满形式主义的学员学习评估和行为评估。

由此可见，保证各环节的信效度需要科学的工具和方法（见表1.5）。信效度是培训评估及培训效果评估的基础，没有信效度，培训效果评估将无从谈起。

表1.5　培训5环节不同信效度的工具、方法

培训5环节	信效度	
	信效度高	信效度低
需求分析	分析工具：工作任务（工作行为） 信息收集方法：专家会议	分析工具：能力词典、课程清单 信息收集方法：问卷、访谈
方案设计	1. 学习内容：知识的四种分类 2. 学习目标：认识的四个过程 3. 学习方案：综合学习方案	1. 学习内容：KSA 2. 学习目标：机械记忆、理解 3. 学习方案：碎片化的课程、案例等的堆砌
资源开发	1. 课程：学员学 2. 在岗练习：实战或情景模拟	1. 课程：讲师讲 2. 在岗练习：无
活动实施	与学习内容和学习目标相关的活动	与学习内容和学习目标不相关的活动多
效果评估	与需求分析工具保持一致	1. 学员满意度评估 2. 柯氏四级评估法 3. Hamblin模型 4. Jack J Phillips五级评估框架

第二节 培训效果评估的对象、内容、原则和方法

一、人类的四类根能力及其培养和评估

培训效果评估要与需求分析保持一致，即在培训前通过需求分析确定员工当前水平与目标的差距，在培训后通过培训效果评估确定该差距是否弥补，需求分析和培训效果评估又分别称为培训的前测和后测。要分析人的能力差距，首先要区分人的能力类型。

（一）人类的四类根能力

康德用他的三部鸿篇巨著《纯粹理性批判》《实践理性批判》《判断力批判》阐述"人是什么"这个问题。他在《纯粹理性批判》中说明人的认识能力，体现人对"真"的追求，这个"真"就是知识的定义中"知识是验证为真的信念"的"真"。人类迄今为止对自然科学、社会科学的发现都属于"真"的范畴。康德在《实践理性批判》中探究人的自由意志，体现人对"善"的追求，比如我们观察成功的企业家身上必然具备了两项核心的品质，即勇气和坚韧。人的自由意志与人的认识能力是迥然不同的，比如谋士有无双的智计，但缺乏勇猛直前的气概，因而无法成为主帅；再比如一名刚毕业的大学生，在销售岗位上实习时被客户拒绝而心生胆怯，难以再开展第二次的客户电话沟通，此时我们不能断言这名大学生的认知和智力不行，很大可能是他的"勇气"受挫阻挠了他往前迈进。康德

在《判断力批判》中探究人对美的判断和创造能力，体现人对"美"的追求，比如名山大川、蒙娜丽莎的微笑、贝多芬交响曲、各城市的地标建筑。

后面的哲学家把康德的这三个能力简化为知、意、情[①]，胡军在他的《知识论》前言中说道：**人是知、情、意的综合存在**。在此，我们对知、意、情的含义简述为，**知**是人类认识世界的结果及其方法，以及人类改造世界的成果及其方法，包括人类认知和思维的基本规律、客观事物及其相互之间的内外部联系、各行各业的技术知识，比如人类的基本思维判断和推理、科学领域的力学原理、非自然物的ChatGPT；**意**是人的自由意志和态度倾向，比如勇气、坚韧；**情**是人的审美及其创造，比如建筑行业、家具行业、服装行业的设计师们都要考虑空间结构美感和色彩搭配美感。

《教育目标分类学》的作者布鲁姆从教育心理学角度，将人的能力分为认知领域、情感领域和动作领域三大类，其中，认知领域就是哲学家提出的"知"，情感领域就是哲学家提出的"意"，动作领域是布鲁姆区分出的一项新的能力。本书及《知识密码》的作者朱春雷基于在培训领域长期的观察、实践和验证，也赞同布鲁姆提出的动作技能这一分类，但在本书中命名为人的**肢体能力**，特指人的五官感知（视觉、听觉、嗅觉、味觉、触觉）能力、肢体的各类动作技能、人的外貌和身体机能。比如很多农民歌手没有人教他们发音技巧、控制气息，但他们凭借自己的"金嗓子"就能获得社会的认可。有的人天生视觉发达，能看到常人看不到的光谱，有的人听觉灵敏，能感知常人听不到的频率，优秀的品酒员凭借舌头能感

---

① 康德的《判断力批判》一书分为"审美的判断力"与"目的论的判断力"，前者说明美的根本不是美的客观存在，而是人对美的判断，强调美的主观性；后者说明人是最终目的。康德认为，审美判断不是一种理智的判断，而是一种人类共通的情感判断，具有普遍性。

知不同的酒的成分，关云长身高九尺，四大美女沉鱼落雁闭月羞花，有些人精力旺盛，这些能力与人的五官、肢体、外貌、身体机能有关，而与思维、意志和审美无关。综上所述，人类的根能力分为四大类，分别是：知、意、情、肢体能力，这四大类能力相互独立又相互作用，共同组成一个人的能力（见表1.6）。

表1.6　人类的四大类根能力

四大类根能力	定义	示例
知（认知）	认知和思维的基本规律（数学+逻辑）	平面几何五大公设，概念、判断、推理
	自然科学和社会科学的事实和客观规律（学科知识）	万有引力定律、经济基础决定上层建筑、矛盾的普遍性和特殊性
	人类社会实践要遵循的事实和规律，以及人类运用规律发明的物质和工具（技术知识①）	蒸汽机、电力、互联网、人工智能客户需求分析的$APPEALS模型
意（品质）	人的自由意志和态度倾向	勇气、坚韧、抱负、谦虚、果断、责任心
情（审美）	人的审美及其创造	咏叹山川地貌的诗词歌赋画，建筑空间、服装版型、城市规划的结构设计和色彩搭配
肢体能力	五官感知、动作技能、外貌、身体机能	千里眼、顺风耳、闻香、识味、豌豆公主的触觉，唱歌、跳舞、体育运动、操作设备，貌若天仙，武松喝酒十八碗还能打虎

人类的四大类根能力相互独立，又相互影响。例如，人们在认知到自己的思维和视野有局限性后，会变得谦虚；王阳明在龙场苦苦探寻，最终悟道"知行合一"；见到美景，王勃可以写出"落霞与孤鹜齐飞，秋水

---

① 技术知识是为了完成工作任务所集合在一起的知识。它是人类对数学、逻辑和学科知识在社会实践中的综合运用及其产物。

共长天一色"流芳千古，而没有文学造诣的普通人只能说"哇，真美"；体操运动员全红婵拥有天资卓越的身体技能，辅以对身体力量控制等的知识，以及多年如一日的艰苦训练，才走到奥运跳水冠军的领奖台上。

　　企业不同职级的管理岗、专业岗位所需要的人才，在四类根能力方面的占比是不同的，且在四大类根能力中每一项能力下的具体能力也是不同的。以管理岗位为对象，例如在"知"的能力维度上，高层面对的更多的是不确定性的商业决策问题，他们需要辨别出这些不确定性问题的关系、区分出主次、甄选问题解决的策略；中层需要正确解读高层的意图，针对策略制订具体的实施方案，并寻找和争取资源来执行方案；基层则是执行规定的流程、动作，达到既定的目标。在"意"的能力维度上，高层更侧重找有抱负的人，中层则偏重能包容差异的人，基层需要注重寻找有责任心的人。在"情"的能力维度上，具备审美能力的高层会使得公司文化充满美感，而给员工带来精神上的愉悦，管理高手除了拥有强大的逻辑、坚强的意志，在管理中还富有美感，从而让员工觉得领导有趣、有料、有才。在"肢体能力"的能力维度方面，越往高层走，越需要健康的身体和旺盛的精力以面对繁重、复杂的工作（见表1.7）。

表1.7　不同管理职级所需要的4类能力示例

管理职级	4类能力			
	知（认知）	意（品质）	情（审美）	肢体能力
高层	辨别不确定性的问题，区分主次	追求事业的抱负，决策问题的果断	有最好，特别是管理知识分子	健康的身体和旺盛的精力
中层	理解和显性化高层的意图，制订实施方案	舍小利的大局观，接纳员工差异的包容心	有最好，利于管理员工	最好有
基层	带领员工保质、高效地执行方案	干好每一项工作的责任心，待员工"如初恋"的耐心	有最好，帮助获得领导关注及员工认同	有最好

以专业岗位为对象，在"知"的能力维度上，按照不同专业岗位知识的含量和复杂度为维度，可以把岗位分为四大类：SOP类岗位、PDCA类岗位、综合设计类岗位、科研发现类岗位。这4类岗位的知识含量和复杂度水平的顺序是：科研发现类岗位＞综合设计类岗位＞PDCA类岗位＞SOP类岗位。典型的科研发现类岗位，比如5G技术、chatGPT的研发员工，这类岗位的特点是发现新的事物、性质、规律、方法，用以改变人类的物质生产活动；典型的综合设计类岗位有软硬件产品经理、硬件研发工程师，他们的特点是运用已有的事物、性质、规律、方法，做不同组合以改善人类的物质生产活动；典型的PDCA类岗位有设备维修工程师、工艺工程师、大客户销售，他们的特点是发现产品和服务的问题并解决问题；典型的SOP类岗位有电话接线员、物业四保一服、仓管员、生产操作工，这类岗位的特点是按照标准化的动作、程序执行。在"意"的能力维度上，知识复杂度越高的专业岗位越需要有勇气去质疑经验、权威，知识复杂度低的专业岗位更需要耐心和责任心；一些与审美强关联的岗位，比如服装版型设计师、建筑设计师、网页页面设计师，这类岗位在"情"的能力维度上的要求更突出；另一些专业岗位，比如品酒员、闻香师，在"肢体能力"的五官感知能力上要更灵敏。

现在市场上的各类能力词典，无论是67个词，还是20个词、28个词等，都是上述4类根能力在不同场景下的运用或组合。例如"商业头脑"能力，在知的能力方面需要对市场环境及其发展趋势、人性和社会需求及其满足程度有一定的信息量积累；在意的能力方面需要有勇气去冒险、能果断去尝试。又例如"书面沟通"能力，在知的能力方面需要能准确地描述想表达的内容，以及各种书面文件的书写格式要求；在意的能力方面如果有谦虚的态度则更容易获得沟通对象的好感。

（二）4类根能力的培养方法和评估

企业各个岗位所需要的人才，需要综合上述4类能力。那么，如何获得这四类能力呢？首先，每个个体生来就拥有人的4类能力，只不过能力的高低各不相同，是为人的先天天赋。然后，经过家庭的熏陶、学校的教育、社会的锤炼，发展了人的各项能力，是为人的后天培养。

从习得难度上，目前人类能直观感知的排序是情（审美）＞意（品质）＞知（认知）。理由有两点：一是人类对意志品质和审美领域的研究远不如对认知领域的深入，是以显得人类对"知"的培养要比"意"和"情"容易得多；二是从3类能力所需要的实践练习方面的培养资源来看，"知"的实践练习机会获取上更为可控。

从习得方法上，认知的习得可以通过训练人的思维、增长人的见识、给予实践体验的机会而获得。基于人类对知（认知）的可直接使用程度，把"知"分为成熟（可直接使用）和不成熟（不可直接使用，还需要开发）两种状态。针对已经成熟的认知，主要使用培训的方法，培训指把成熟的知识通过面授课堂、导师示范、实践练习等方式复制给培训对象。例如销售专家对新入职销售员培训"分析客户需求"的方法。针对尚未成熟的认知，除了使用培训的方法，还要培育。培育是人们在学习某些普遍规律和一般方法论后，基于需要将普遍规律特殊化、场景化的过程，这个过程是建构、试验和验证，输出的结果是物或工具方法。例如某新能源汽车制造公司给区域经理培训"创新思维"的课程，然后由区域经理运用该思维方法去设计一个该公司能提高用户服务质量的管理工具，并要在实践中检验通过。

意志品质的获得主要靠身体和精神的多次的、长期的锤炼。锤炼是经历精神和身体上的反复磨难，并在磨难中形成某种不需要认知过程的、稳定的行为倾向性的过程，例如《钢铁是怎样炼成的》主人公保尔·柯察金习得勇气和坚韧的过程。根据习得的意志品质对认知的依赖性，分为依赖认知的意志和不依赖认知的意志①两类。依赖认知的意志的习得除了锤炼，还需要培训，例如傲慢的人在拓展思维、开阔视野后可能变得谦虚；犹豫不决的人在澄清利弊、主次矛盾、机会与风险后变得果断。

审美能力则需要长久的培育和熏陶。熏陶是身临其境的感受，没见过浩瀚的汪洋是画不出大海的辽阔的。根据审美成果中是否包含哲学或人文思想，分为有个人观点和无个人观点两类。有个人观点的审美成果，例如《八骏图》通过8匹刚劲矫健、勇猛剽悍的骏马给人自由和力量；无个人观点的审美成果，如充斥古玩市场的赝品、仿品。

肢体能力中，除了人的外貌②是天生的，按照是否需要借助外物，将肢体能力分为使用五官和肢体、操作物理工具二类。如运动员使用的是肢体本身，品酒师、鉴香师、中医使用的是五官，企业里大部分与肢体能力有关的岗位是操纵设施设备、器械、手工工具等物理工具执行工作任务，例如医生操作医疗设备开展内外科手术、民航飞行员驾驶客机载客、挖掘工操纵挖掘机装卸土方等物料、移动通信安装工程师手持信号检测仪检查光纤信号。使用五官和肢体的肢体能力习得需要培训和培育，而操作物理工具则只需要培训。我们又把操作物理工具的肢体能力称为动作技能。

---

① 目前科学界并没有确凿的证据支持不依赖认知的意志的存在，许多研究和理论认为人类的行为和决策是由经验、环境和生物学因素共同决定的。在经院哲学中，关于意志自由的讨论尤为丰富。例如，司各脱（Duns Scotus）强调意志的主动能力源于自身，而非来自对理智的分析，他认为意志自由是本体性的实践原则；奥卡姆（William of Ockham）则认为意志自由的首要含义是自我决断的能力，意志本身是一种自发性的力量，不受理智或对象的限制。

总的来说，是否存在不受认知影响的意志是一个哲学上长期争论的问题，不同的哲学流派和理论对此有不同的解释。在心理学和神经科学领域，意志通常被认为是与认知紧密相关的，而自由意志的概念则更多地涉及道德和哲学的讨论。

② 这里的外貌特指颜值、身高，这两类是天生的，而外貌中的气质是需要培育的。

综上所述，人类4类根能力的培养方法各有侧重，不能一概而论（见表1.8）。

表1.8　人类4类根能力的培养方法

能力类型		培养方法			
		培训	培育	锤炼	熏陶
知（认知）	成熟状态	√			
	不成熟状态	√	√		
意（品质）	不依赖认知的意志			√	
	依赖认知的意志	√		√	
情（审美）	无个人观点	√		√	
	有个人观点		√		√
肢体能力	使用五官和肢体	√	√		
	操作物理工具	√			

对于人的4类能力，除了培养方法不同，其培训效果的测量方法也不同。目前很多的能力测量工具，既没有区分能力的类型，又没有区分培养方法和培养效果的测量方法。例如某公司管理人员的能力测量表（见表1.9），其中能力项"洞察需求""清晰使命"都是属于"知"的能力类型，"不断超越""坚定执着"属于"意"的能力类型，这两个能力类型的培养方法是不同的，二者的培养效果测量也不相同。

表1.9　某公司管理人员的能力测量表

类型	能力项	合格：1分	良好：2分	优秀：3分
懂业务	洞察需求	发现客户潜在需求，识别产品和服务机会	预测市场需求，识别业务机会增长点	洞察长期商业变化趋势
	不断超越	达成公司规定的目标	带领团队不断超越组织期望目标	带领团队实现跨越式增长

续表

类型	能力项	合格：1分	良好：2分	优秀：3分
有使命	清晰使命	明确职责定位与价值贡献	从全流程输出结果考虑，做好协同配合	基于公司战略，系统思考自己对公司长期持续发展的贡献
	坚定执着	充满激情，克服困难完成工作	面对困难和挑战百折不挠，调动和影响团队的激情	不断克服来自行业和企业内部的困难，对目标充满激情

在培养的速度上，人的认知能力和肢体能力的培养速度更快一些，相比较而言，意志品质和审美能力则需要花更多的时间。

对于企业人才培养来说，由于意志品质和审美能力的培养周期长，实践练习机会获取成本高，培养投入的收效却不大，使得企业更愿意通过选拔的方式来满足对这两类能力的需求。因此，本书的培训效果评估的范围也收敛到对员工的认知能力和动作技能的范畴。

二、知识的4个类型及其认识过程、认识目标

毛泽东在《实践论》中指出，马克思主义的哲学认为十分重要的问题，不在于懂得了客观世界的规律性，因而能够解释世界，而在于拿了这种对于客观规律性的认识去能动地改造世界。这个认识的全过程就是人对事物从感性认识开始，经过理性认识，再到实践的过程。在社会大分工中，企业作为人类物质生产活动最活跃的组织，对商品的生产过程就是一个完整的从认识世界到改造世界的全过程。因此，也决定了企业里的每个岗位，对本企业的商品及其生产过程不能仅停留在解释其原理和规律性

上，而是要能实践于人类的需求。例如，销售某个产品，仅仅是介绍产品的特性、优势、原理、品牌知名度、质量和服务保障等，顾客听了许久还是不明白其究竟能解决自己的什么问题。研发某个产品，研发工程师们首要做的就是明确产品能解决客户什么问题，进而再转化为产品的功能、特性、参数等产品特征。

那么，人是怎么从感性认识到理性认识，再到实践的呢？通过学习。人的学习过程和人的学习目标与知识的类型有关。

（一）知识的类型

朱春雷在《知识密码》中，按照核心属性和非核心属性，从实用价值、形式、显性状态、成熟度、发生源、研究对象、获取方法、思维特征、所有权共9个维度对知识做了详尽的分类。从知识的最核心属性，即知识的形式维度，知识分为信息、概念、原理原则和工具方法。

（1）**信息**是对事实的描述，它包括事物、事件和事态3类事实。常见的信息如行业历史、竞品动态、数据、符号、组织结构、产品外观、功能、性能、事件、情节、场景描述，用英文单词表述就是关于who、where、when、what、how much、how many的知识。

所有的知识都是信息，但不是所有的信息都是知识。信息有广义和狭义之分。广义的信息包含无意义的数据，例如电梯中放置的定时卫生清洁记录表中的打钩。广义的信息还包含知识，知识中的所有概念、原理、工具/方法都是信息。此外，知识中还有一种具体的类型，即信息类的知识，例如中华人民共和国是在1949年成立的，这种信息类的知识就是狭义的信息。信息与知识的关系如图1.3所示。

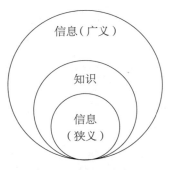

图1.3　信息与知识的关系

（2）**概念**是对事物的性质、特征等本质属性的描述，用以定义某一事物，以及区分这一事物和其他事物，是揭示事物"是什么"的知识。例如，人工智能的性质是"人制造出来的智能机器"，"人制造出来的""机器"这两个性质规定了它的属性不是生物，而是在机器这个范畴内；"智能"这个性质区分了它与别的机器的差异。有兴趣的读者可以试着解构一下"ChatGPT"的概念。概念对应的英文单词是"what"。

（3）**原理**是自然科学和社会科学中存在的客观规律。例如，在自然科学领域，成熟的苹果往地上掉而不是往天上飞、水往低处流、人有体重，都是万有引力定律在起作用。人们认识到这个原理，并运用于电梯载重、高速列车旋转的轮子、起重机载物、航天航空等人类生活的方方面面。在社会科学领域，诸如二八定律、马太效应、羊群定律等。

原则是人为规定的行事准则。例如，权利与义务统一的原则，公民在法律面前一律平等的原则，社会的各种风俗、习惯、文化等，国家的发展方针，公司里的各种经营策略。原则并不总是能指导人们得到成功的结果，原则符合客观规律，则成功的概率更大；原则不符合客观规律，则失败的可能性更大。

原理原则是对工具/方法背后的规律或规则的描述，是说明工具/方法"为什么这样做"的知识，其对应的英文单词是"why"。

（4）**工具/方法**是为完成一个任务或解决一个问题，依照科学规律（原理）或人为规定（原则）而制订的工作程序，人们按照这个工作程序·可以执行任务或解决问题。通俗地讲，工具/方法就是说明"怎么做"的知识，对应的英文单词是"how"。

根据工具的存在形态，又把工具细分为思维工具和物理工具两大类，其中，物理工具是为方便人类的生产生活、经人类制造已经成物理形态的工具，例如office软件、电脑；相对地，思维工具是尚未经过人类制造、尚以思维形态呈现的工具，例如培训供应商的选择标准、员工技能胜任标准。知识按照形式维度的分类如图1.4所示。

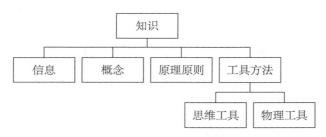

图1.4　知识按照形式维度的分类

（二）错误的知识"分类"：KSA

在知识的识别和萃取上，笔者观察到一个现象，就是把知识的学习结果当作知识的分类来运用，即使用KSA（Knowledge知识、Skill技能、Attitude态度）来作为知识的分类维度用以做知识点的分析，这是错误的。事实上，KSA这三者都是学习的结果，它们的联系与区别如下。

（1）知识和技能属于人的认知领域。从名词含义上，**知识**是验证为真的信念[①]，体现出来的形态是事实，可以用"真"或"假"来做判断；从

――――――――――――

① "知识是验证为真的信念"引用于胡军的《知识论》。

动词含义上，**知识**是一种学习的过程（认识的过程）及其结果，知识作为动词体现出来的结果是记忆、理解、运用、创造，当知识作为动词体现出来的结果达到"运用"的状态时，此时人拥有了**技能**。例如，我学习驾驶汽车的各类知识，记住了挂挡的执行动作，理解了必须先踩离合再挂挡的原理，并按照挂挡的步骤成功完成操作，我体现出来的学习过程是记忆、理解和运用，当我成功完成挂挡的操作时，我具备了挂挡的这一技能。

（2）**态度**是影响人做选择的一种倾向，是人的立场和价值观①的反映，外显为行为，但其不是行为本身，而是行为的倾向。根据价值观是人的知、意、情和肢体能力的综合反映，可以推断出态度也是人的知、意、情和肢体能力的综合反映。态度可以用"认同"或者"不认同"，"选择"或"不选择"，"喜欢"或"不喜欢"等来做判断。人拥有某种技能以后，不一定就拥有对这个技能的态度。例如，我会驾驶汽车的技能，但是我不选择自己驾驶汽车，而是选择打车。

（3）作为动词的知识，包含技能。但技能和态度之间，没有先后顺序，也没有递进关系。例如，张三学会驾驶汽车后，因为喜欢这种驾驭的感觉而选择天天自己开车上班；李四认为开车上班更节省时间，然后去学习驾驶汽车的技能。

（4）技能与态度在培养方式和测量方式上完全不同。在培养方式上，思维方面的技能主要是分析和综合，例如培训管理员跟着顾问学习知识萃取方法论的20个知识点，然后把20个知识点组合起来完成一个任务的萃取过程；动作方面的技能需要大量地重复训练，直至形成肢体本能，例如护士练习扎针技巧1000次。

态度的培养则分为两种情况，当人们是由于认知错误而造成不良态度时，此时通过改变人的认知来改变人的态度。例如一个人向公园长凳上

---

① **价值观**是人们关于事物/事件对自己有无价值及价值高低程度的看法，是人的知、意、情和肢体能力的综合反映，由人先天及后天教育所形成，具有相对的稳定性。

的年轻人问路，连续问了3遍，年轻人都摇头不说话，这个人感觉非常气愤，正准备好好地对年轻人说教一通，此时过来另一个人告诉他这名年轻人是视听障碍患者，这个人立马对年轻人心生怜悯。而当人们是由于意志品质、审美能力、肢体情况而造成的态度问题时，则需要通过改变这3种能力来改变态度。例如，一个人做事总是三分钟热度，无法坚持，这是他的意志品质导致他出现了这种行为。此时就需要榜样示范、价值观引导、激励与惩罚，例如言传身教、耳濡目染、对持续钻研一件事的行为予以金钱和名誉的奖励、对未达目标就放弃的行为予以批评和惩罚。我们既无法让朴实的农民去画出梵高的《星空》，也无法要求一个小儿麻痹症患者去参加田径比赛。即当态度是由于审美能力、肢体情况造成时，是无法通过认知的方式习得的，此种情况下的态度培养不能纳入培训领域，因为它已经超出了培训部门的能力范畴。

在测量方式上，思维方面的技能可以笔试，也可以实操；动作方面的技能以实操为主；测量态度的最佳方式是实际观察，不建议用笔试，因为笔试易于伪装。在测量频次上，思维方面的技能和动作方面的技能在员工实操1～2次后，就能判断员工的技能水平；而态度则需要一段时间多次观察员工的行为选择倾向。

（三）知识类型与认识过程的对应关系

人的学习过程和人的学习目标与知识的类型是怎么关联的呢？1956年美国心理学家布卢姆对认知领域的教育目标进行了首次分类，在他的《教育目标分类学：第一分册认知领域》中，把认知过程分为知识（书中解释为记忆）、领会、运用、分析、综合、评价，21世纪初由美国教育心理学家L. W. 安德森等人修订为记忆、理解、运用、分析、评价、创造。其中，理解、分析、评价这三个认知过程是相互联系的，本质是对事物的量、质、关系的分析和描述，因此，我们把人的认知过程总结为记忆、理解、运用、创造这4个过程。我国教育界经过本土化的理论研究和实践探索，形成的我国认知目标的分类五分法和四分法[①]也支持笔者提出的观点。

（1）**记忆**是人在有线索的情况下再认，或者在无线索的情况下回忆某知识的认知过程，例如中华人民共和国是哪一年成立的？商品的概念是什么？万有引力定律是什么？启动汽车的步骤有哪些？在学习时，4种知识类型都是需要记忆这个认知过程的，对于信息类的知识，学习的目标达到记忆就结束了。

（2）**理解**是人对事物要素、属性、规律的分析，以及事物和事物之间、事物内部要素之间关系的分析，并用另外一种方式描述出来，或者使用事物的要素、属性、规律、关系去区分判断的认知过程。

例1：人是能制造工具并使用工具进行劳动的高等动物，大猩猩能使用毛巾擦脸，那么大猩猩是人吗？

例2：笔者使用员工技能水平测量的五个一致性原则，判断某家公司的测量表是否合理。

例3：张三学习"培训供应商评估标准"后，他能准确说出选择供应商的5个因子，并解释这5个因子是什么含义，以及它们之间是彼此独立的关系，以及为什么是这5个而不是另外的3个。某天张三看到李四用4个因子的评估表在选择供应商，张三马上找出了李四所用的评估表的问题。

四类知识中，概念、原理原则、工具方法是需要理解这个认知过程的，对于概念类的知识，学习的目标达到理解就结束了。

（3）**运用**是人使用工具方法程序化地执行某事或者在原理原则的指导下执行某事的认知过程。例如使用"培训供应商评估标准"选择供应商，使用投影仪播放PPT，使用测量的五个一致性原则编制了一份员工技能水

---

① 我国认知目标的分类五分法和四分法，出自朱德全的《教育测量学》。

平测量表。其中，工具方法中的思维工具和物理工具，在认知过程和认知目标上是一致的，区别是二者的教学方法和测量方法不同，具体见第二章第一节。四类知识中，原理原则、工具方法是需要运用这个认知过程，但二者的学习目标还没有结束。

运用与理解的区别是：运用是一个有输入和输出的认知活动。例如，张三搜集了5家供应商的信息，然后使用"培训供应商评估标准"，选中某一家供应商。其中5家供应商的信息是输入，"培训供应商评估标准"是工具，选中的那一家供应商是输出。而理解是对事物要素、属性、规律、事物和事物之间的关系、事物内部要素之间关系的分析，是对被认识对象自身的认识，不产生新的输出。理解是理性认识阶段，运用则是从理性认识上升到实践了。

运用与理解的联系是：理解是运用的前提，运用了会更深刻地理解。例如，很多培训管理员告诉我，他们在学习路径图顾问主持开展项目时随堂多次听取了方法论，等到他们自己去实践一个岗位的时候，他们对方法论的理解上升了一个层次。我们每个人或多或少在工作中、在生活体验中遇到过"哦，原来是这样啊"的恍然大悟，这就是所谓"纸上得来终觉浅，绝知此事要躬行"。待到有了更深刻的理解后，又可以指导进行下一次的运用，如此往复，就形成了对工具方法、原理原则不同程度的理解和运用。例如，企业里面同个岗位里不同的员工使用同样的工具，产生不同的效果的现象，源于不同员工对工具的练习次数不同，进而造成的对工具理解和运用的深浅度和熟练度不同。

（4）**创造**是人选择不同事物的要素并整合成具有新结构/新功能的物品或工具方法的认知过程。例如ChatGPT、物联网。创造的前提是对事物要素、属性、规律的分析，以及事物和事物之间、事物内部要素之间关系的分析，即：

$$创造 = 分析 + 综合$$

企业里任何岗位都可以进行创造活动。例如，销售员可以运用顾客心理学的原理去创造一种销售方法，保洁大姐可以基于又快又好的原则创造一种拖地方法，研发工程师们搜集很多前沿技术并创造性地运用到公司的产品设计中。但并不是人人都能具备创造的认知能力，创造的定义决定了其需要广泛的知识素材、对规律的深刻认识，以及在持续的钻研后的灵感一蹦，创造通常是由企业内部的专家来完成的。例如课程心电图（见图1.5），就是朱春雷在经过近10年的培训专业领域的积累后于2009年某一个晚上，躺在床上思索有效的课程设计工具时，灵感一现，发明出来的。

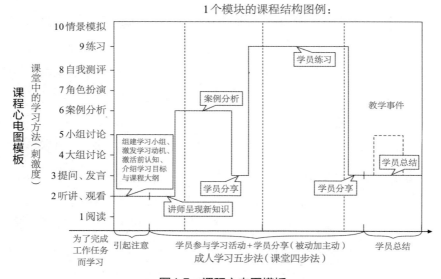

图1.5 课程心电图模板

4类知识中，涉及创造的知识类型是原理原则和工具方法。创造很有用，但是操作起来却是如此玄妙和不可捉摸，那有没有什么规律可言呢？苏联发明家阿奇舒勒（G.S.Altshuller）在1946年创立了TRIZ理论，揭示了创造的一些规律，并发明了多种创造的方法。有兴趣的读者可以搜索相关资料进行学习。

总结一下，知识按照最核心的属性，即形式分为4类，分别是信息、概念、原理原则和工具方法。人类认识事物的过程从浅到深有4级，分别是记忆、理解、运用和创造。每一类知识有其对应的认知过程和认知目标，信息类知识对应记忆，概念类知识对应记忆和理解，原理原则和工具方法类知识对应记忆、理解、运用和创造。其中，记忆、理解、运用这3级的认知活动是每一位员工均要胜任的，创造级的认知活动由岗位专家完成（见表1.10）。

表1.10　知识类型与认知过程/认知目标的对应二维表[①]

知识类型	认知过程/认知目标			
	记忆	理解	运用	创造
信息	√			
概念	√	√		
原理原则	√	√	√	√
工具方法	√	√	√	√

三、测算培训的贡献值—培训效果评估的三维模型

企业培训员工，为的是让员工胜任甚至更快地胜任岗位，从而在岗位上产生相应的甚至更高的绩效。这是培训工作者都知道的一个朴素的道理，也是企业对培训工作者的要求。那么，培训人一定不能避开的三大问题是：

（1）什么是"胜任"，员工达到什么状态才能证明其"胜任"岗位？

（2）员工胜任岗位后，能达成多大绩效？显然，我们不能说员工胜任

---

① 4类知识，都是用于生产和生活实践中的。不同的是，在学习时，信息类知识是在完成记忆后就可以在实践时通过再认或回忆来使用的，概念类知识是在理解事物本质后在实践时通过识别和比较来使用的，原理原则类和工具方法类知识则需要在具体应用场景中练习后，再在实践时通过执行或实施来使用。

并上岗后，他个人所有的绩效都是由他产生的。

（3）什么是更快地胜任？我们为什么要追求让员工更快地胜任岗位？

如果无法回答这三个问题，培训工作是没有依据的，员工的培训效果测量也就无从谈起。以下从培训效果测量的角度，通过三个测量来回答以上问题。

（一）培训效果的测量一：测量员工的技能胜任程度

什么是"胜任"，员工达到什么状态才能证明其"胜任"岗位？这个问题，就是企业的人才质量标准的问题。

什么是"胜任"？**胜任**就是可以达成既定输出而展现出来的工作行为状态。即：

$$胜任 = 输出 + 工作行为$$

输出是指解决一个问题或者执行一个任务，其应该得出的结果。例如，营销人员执行分析客户需求这个任务，就要输出项目的需求、客户的痛点、客户以往合作过的竞争对手情况、项目的决策者和决策流程等。如果一个营销人员不知道这个输出，他也就无法开始执行这个任务，或者是盲目地执行任务。

维特根斯坦[①]在他的《逻辑哲学论》中说：世界是事实的总和，命题是事实的图像[②]。我们把这句话解析为一张图（见图1.6），分为5部分详细说明：（1）世界是由事实组成，而事实由人的观念和语言（人的观念和语言构成命题）所反映，因而可以说世界是由事实和观念组成。（2）事实包含事物和事件。事物又可以分为2类，分别是人/组织、物，例如实习

---

① 维特根斯坦（Ludwig Wittgenstein，1889—1951），出生于奥地利，后加入英国籍。哲学家、数理逻辑学家，语言哲学的奠基人，20世纪最有影响的哲学家之一。

② 这句话完整的是：世界是事实的总和，而语言是命题的总和，命题是事实的图像。

生/项目组、天宫二号。事件具体指行为或活动，例如教学活动、促销活动。（3）观念包含信息、知识和信仰。信息例如市场信息、客户信息。知识是已被或可被证实的观念，例如相对论、量子力学。信仰是不可被证实的观念，例如宇宙边际、上帝与灵魂。（4）观念即信息、知识和信仰以实体或虚拟的文档来存储。例如培训证书、社保账号。（5）任何事物、事件和观念在某一时空中都以某种状态存在。例如人的健康状态、设备的运行状态。

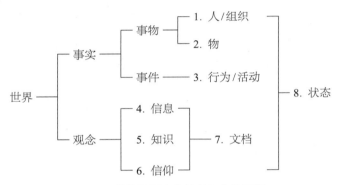

图1.6　"世界是事实的总和"的解析

任何工作任务的输出都可以归属为8类，分别是人/组织、物、行为/活动、信息、知识、信仰、文档和状态（见表1.11）。

表1.11　工作任务的8类输出及示例

输出	示例
人/组织[①]	招聘员工的输出是符合需求质量和数量的员工
物	组装汽车模型的输出是符合结构的汽车模型

① 输出为"人/组织"的任务还有组建团队、成立项目组、搭建人才梯队、淘汰不合格员工、选拔继任者、分娩、抓捕罪犯、建设销售渠道、甄选供应商/代理商、成立协会、组建部门等。

续表

输出	示例
行为/活动[①]	设计教学活动的输出是符合认知心理学原则的学习活动
信息	收集客户信息的输出是符合全面、真实、精确、最新的四原则的客户信息
知识	编写案例的输出是符合 SQR 或 STAR 结构的案例
信仰[②]	祭祀的输出是信仰
文档[③]	签约合同的输出是符合合同要素规范的合同
状态[④]	培训员工的输出是员工的技能状态从有差距到符合要求

工作行为是指为了达成输出，而需要执行的外显的或者内隐的动作。例如设计与开发课程的输出及其工作行为（见表 1.12）。

输出与工作行为的关系是：工作行为要以"输出"为起点来定义，也要以"输出"为终点来检核。即开始执行某个任务前，先明确这个任务的输出是什么；在执行完成某个任务后，也要看一下是否达成了预期的输出。

---

① 输出为"行为"的任务有规范行为举止、改变不良行为等。**活动**是指由共同目的联合起来的动作的总和。输出为"活动"的任务还有组织促销活动、组织劳动竞赛、发动变革等。

② 输出为"信仰"的任务还有祈福、福建游神、西北社火等。

③ **文档**是存储信息、数据和知识的载体。典型的文档有合同、支票、证书、收条、借据、工单、签名表、电话簿、地址本、邮政编码查询表、水电费户号登记表、身份证/护照、户口本、指纹库、DNA 检测单、水电煤月度消费通知单、话费通知电子信息、悬赏通缉令等。

④ **状态**是指不断运动变化过程中的事物和事件在某一个阶段（时间）和某一空间的属性特征的集合。例如人的健康状态、设备的运行状态、文档的整洁状态、企业的发展状态、知识的成熟度状态。输出为"状态"的任务还有鼓舞士气、建设团队氛围、调试设备运行状态、打扫会场、排版文档、管理知识的成熟度等。

表1.12 示例：设计与开发课程的输出及其工作行为

输出	工作行为
1. 符合课程心电图原则的课程结构 2. 符合认知心理学六原则的学习活动 3. 符合三级课程标准的课件（包括演示文稿、讲师指导手册及其他教具）	生成课程大纲
	开发学习活动（编写案例、练习题、示例等）
	编写开场白和总结活动
	编辑教材（排版演示ppt、编辑讲师手册和学员手册）
	测试课程

那是不是只要明确了输出，定义了工作行为，员工在岗位上就能按照工作行为——执行呢。根据人的四类能力，我们可以知道影响员工工作行为的因素有四种：员工是否具备这个工作行为下的知识并形成了技能，员工是否有意愿和有意志来执行这个工作行为，员工的肢体能力是否能满足他来执行相应的工作行为，员工在执行工作行为时有没有让输出的产品/图样美不美的意识和审美水准。培训工作者需要达成的目标是让员工具备执行工作行为下的所有知识，并形成技能。检验培训效果的第一个测量也就是检验员工是否具备执行工作行为下的所有知识，并已经形成了技能。因此，我们得出一个新的等式，即：

$$胜任 = 知识 + 技能 + 由认知导致的态度$$

这里的知识是名词的知，指的是四种类型的知识。技能是知识的第三级认知程度，即对四种类型的知识达到运用的程度。结合"知识类型与认知过程/认知目标的对应二维表"（见表1.10），我们得出"测量的五个一致性原则对应表"（见表1.13）。

测量的五个一致性原则，指的是保持测量与输出、工作行为、学习内容、学习目标的五个一致性。其中，测量包含两个方面，一是指测量的内容与工作行为和学习内容保持一致，二是测量的程度与工作行为和学习目标保持一致。

表1.13 测量的五个一致性原则对应表

输出	工作行为	学习内容	学习目标	测量胜任水平	
				测量内容	测量目标
		信息	记忆	信息	记忆
		概念	理解	概念	理解
		原理原则	运用	原理原则	运用
		工具方法	运用	工具方法	运用

　　测量的五个一致性原则，是员工技能胜任水平测量的基本原则。岗位的某个工作任务会分解为多条员工的具体工作行为，每一条工作行为对应相应的知识点，也就是员工的学习内容，同时每一条工作行为及其对应知识的类型决定了员工的学习目标。在实施培训效果测量时，测量的内容要与员工的学习内容一致，不能过载，也不能缺失；测量的目标要与员工的学习目标一致，不能超出，也不能低于学习目标。例如，我们要对某材料科技公司的大客户经理进行培训效果测量，根据五个一致性我们列出对应表（见表1.14）。

表1.14 五个一致性的案例（局部）

输出	工作行为	学习内容	学习目标	技能测量	
				测量内容	测量目标
目标客户符合公司发展战略，符合公司资源配置	核对潜在客户资信，筛选目标客户	潜在客户	理解	潜在客户	理解
		客户资信清单	记忆	客户资信清单	记忆
		目标客户	理解	目标客户	理解
		"目标客户筛选标准"	运用	"目标客户筛选标准"	运用
		公司发展战略	记忆	公司发展战略	记忆
		资源匹配原则	运用	资源匹配原则	运用

案例中，大客户经理岗位的一个典型工作任务是"识别目标客户"，其输出是目标客户符合公司战略和资源配置。在该典型工作任务中的一条工作行为是"核对潜在客户资信，筛选目标客户"，如果要正确执行这一条工作行为，则需要学习2个概念——"潜在客户""目标客户"，2个信息——"客户资信清单""公司发展战略"，1个工具——"目标客户筛选标准"，1个原则——"资源匹配原则"，共计6个知识点。根据表1.10，确定这6个知识点的学习目标分别是理解、记忆、理解、运用、记忆、运用。员工学习完这6个知识点，达到相应的学习目标，就能在实际工作中执行"核对潜在客户资信，筛选目标客户"这一条工作行为。当员工执行完成"识别目标客户"的所有工作行为后，就能得到该任务的输出结果。

为什么用"输出"来定义员工的工作行为，而不用绩效，接下来我们看培训效果的第二个测量。

（二）培训效果的测量二：分析绩效与技能的关系

培训员工能胜任岗位的知识，促使员工形成技能，以期其在工作中展现相应的行为，进而达成相应的绩效，这是企业培训的终极目的。那么，员工胜任岗位后，究竟能达成多少绩效呢？另外，在其他条件都不变的情况下，是不是不断地对员工开展培训，提升其技能，员工的绩效就能持续提升？还有，对研发工程师、销售经理、采购工程师等不同岗位来说，技能对绩效的提升效率差异有多少呢？第三个问题和第一个问题是一类问题，放在一起回答。接下来先回答第二个问题，再回答第一个问题。

员工的技能是绩效的影响因素之一。以销售岗位为例，绩效的影响因素主要分为五大方面，共计17个因子（见图1.7）。

管理	资源	人员	产品	环境
目标	工具	技能	质量	经济大势
激励	资金	品质	价格	人文环境
评估	团队	审美	品牌	竞争态势
	人脉	肢体能力		

图1.7　销售岗位绩效的主要影响因素

绩效影响因素的17个因子解释如下。

1. 管理方面影响因子

（1）目标是对员工设置的年度/季度/月度的量化输出结果。例如KPI、PBC等。

（2）激励是为肯定和鼓励员工而给员工提供的工资以外的报酬。例如奖金、荣誉、升职机会、外训机会、住房差旅补贴。

（3）评估是对员工的季度/半年度/年度目标完成情况的总结性考核，以及对员工工作进度、工作状态的过程性考核。

2. 资源方面影响因子

（1）工具是员工为完成工作任务而必备的方法论、设备等。其中，方法论是思维工具，设备设施是物理工具。培训工作者的一个关键任务就是萃取企业内部已经成熟的方法论，并传承给新入岗员工，以及识别、引进公司需要但尚没有的方法论。

（2）资金是为达成公司战略而对营销、品牌、竞争、人才开发等的费用投入。例如对新研发产品提供补贴、高端销售人才的引进。

（3）团队是完成业务流程的组织结构。例如，端到端的业务流程需要多个岗位人员彼此配合。

（4）人脉即社会关系。例如，家族、同学、同事、客户等。

3．人员方面影响因子

（1）技能是员工胜任工作任务的认知能力。培训工作者的职责就是让员工具备胜任岗位的技能。

（2）品质是员工的自由意志和态度倾向。例如，面对挑剔的顾客仍然很耐心地介绍产品，被客户拒绝一次后仍然坚持拜访客户，勇于面向下属承认不足和错误。品质不属于认知能力，有些品质受认知能力的影响，有些品质不受认知能力的影响。特质的显性表现是行为和态度。

（3）审美是员工的审美及创造能力。例如，优美的文字、整洁干练的服装。

（4）肢体能力是员工的五官感知能力、肢体的各类动作技能、外貌和身体机能。例如，医生操纵精密器械执行眼科手术、有些精力旺盛的人不午休也能工作到很晚。

4．产品方面影响因子

（1）质量是产品功能、性能的优势和不足。

（2）价格是产品给客户/顾客的价值。例如，3000元的热水袋、79元的眉笔。

（3）品牌是由产品质量、服务、文化等综合因素在长期的坚持下获得客户/顾客认同的无形价值。例如，苹果手机、华为手机。

5．环境方面影响因子

（1）经济大势是由政治、经济、政策等国家层面对经济整体或某一行业造成影响后的经济趋势。例如，全球经济增速放缓、我国房地产行业呈下行趋势。

（2）人文环境是由信仰、法律、风俗等综合形成的社会条件，带有区域特性。例如，去山东会吃煎饼，到广东喝各类煲汤。

（3）竞争态势是在产品质量、价格、品牌、服务等影响客户购买决策的诸多关键因素的影响下形成的人们的普遍性认知。例如，垄断是一种在产品质量、价格、品牌、服务等综合因素下无人能与之匹敌的状态。

在以上17个因子中，员工的技能只是其中之一。针对某些岗位，或者在公司发展的某些阶段，员工的技能可能都不是影响绩效的关键因素。因此，培训工作者在培训需求分析阶段，一定要识别出解决公司某个问题的关键是由员工技能因素影响的，还是其他。

如果用一个公式来表达17个因素与绩效之间的关系，如下：

$$Y = a+b_1x_1+b_2x_2+\cdots+b_{17}x_{17}$$

其中，Y 是绩效，b_1、$b_2\cdots b_{17}$ 是17个因子对绩效的影响权重/系数，x_1、$x_2\cdots x_{17}$ 是17个因子的水平。例如，员工的技能水平达到90分，岗位的方法论成熟度达到5级。a 是除了17个因素存在的随机的、偶然的因素对绩效造成的影响。例如，投标书被快递送晚了1天，在赴约一个重要的客户时因天气因素等无法出行，在拜访客户时发现关键决策人是在来的路途中无意帮助过的人。

以上公式需要注意两点。

（1）17个因子对绩效的影响系数 b_1、$b_2\cdots b_{17}$，以及17个因子以外的随机偶然因素对绩效的影响 a，在某一个具体的时空环境里，有的为正数，有的为负数，即17个因子及随机偶然因素对绩效产生的结果，有些是正向的，有些是负向的。

（2）当时空发生变化后，17个因子及随机偶然因素对绩效的影响也会随之而发生正向、负向、增强、减弱的变化。例如产品以前外销到东南亚，现在要开拓欧洲市场，欧洲市场的人文环境与东南亚完全不同。又例如竞争对手获得大量投资，对产品突然实行低价促销以抢占市场。

把员工的技能因素单独与绩效建立关系，可以表示为以下公式：

$$Y = a+bx$$

其中，Y是绩效，a在此处是除技能以外的因素对绩效的贡献值，除技能以外的因素包含16个因子和随机偶然因素。b是技能对绩效的影响系数，在二维坐标图中表现为斜率，图1.8所示为一元线性回归方程图，x是员工的技能水平。

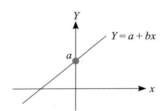

图1.8 绩效与技能的一元线性回归方程图

根据前述多元一次回归方程的2个注意点推论，在某个具体的时空中，a与b可能为正，也可能为负；当时空发生变化后，a与b也会随之而发生正向、负向、增强、减弱的变化。在影响绩效Y的所有因子中，只要有一个是不可控的，则绩效Y不可控。

绩效与技能的关系可以用下面6张图来表示（见图1.9）。

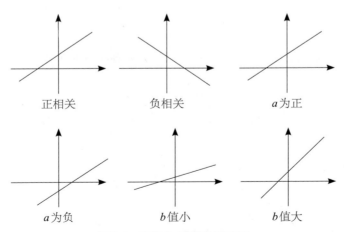

图1.9 绩效与技能的关系图

下面分别解释6张图，并举例如下。

（1）绩效与技能正相关，例如销售员的绩效"销售量"与其分析客户需求、维护客户关系的技能之间是正相关关系；

（2）绩效与技能负相关，例如采购员的绩效"采购价格波动率"与其管理供应渠道、分析供应行情的技能之间是负相关关系（注意，采购员技能水平越高，其绩效"采购价格波动率"越低）；

（3）其他因素对绩效的综合影响为正，例如公司的产品质量、价格、服务在市场的竞争地位占据第一，公司拥有行业经营许可证，老板和客户老总是铁哥们关系；

（4）其他因素对绩效的综合影响为负，例如目前房地产行业的经济大势下行，导致与房地产有关的建材行业受到负面影响，公司管理出现大的动荡，没有资金投入技术研发；

（5）技能影响绩效的系数小，例如垄断行业、高新科技行业中的销售岗；

（6）技能影响绩效的系数大，例如研发岗位。

针对这一部分开篇提出的3个问题，你找到答案了吗？分析绩效与技能关系的方法详见第七章"建立绩效与技能的关系模型"。

（三）培训效果的测量三：测算员工技能胜任的加速度

我们让员工拥有了胜任岗位的技能，也估算了员工技能对绩效的影响。那我们为什么还要追求让员工更快地胜任岗位？什么是更快地胜任？以下用提问来回答第一个问题。

提问1：企业不做培训，员工能学习吗？

你的答案……

提问2：如果提问1中，你的答案是肯定的，那么继续思考，企业为什么要做培训？

你的答案……

以上2个问题是每一个培训工作者都应该回答的问题，因为这是我们培训工作者的根本价值。下面请大家核对答案。

提问1：企业不做培训，员工能学习吗？

答案：能，一定能。

提问2：那么，企业为什么要做培训？

答案：加速，企业培训的目的是加速员工成长，缩短员工成长周期，让员工能在更短的时间里胜任岗位并上岗。

加速，即让员工更快地胜任岗位，是企业人才培养的效率问题。那么，什么是"加速""更快"？

加速是指员工的成长周期比参照的时间更短。加速是相对比较，而不是绝对比较。员工的成长周期参照标准有5种，分别是：员工自由成长的平均周期、有培训前提下的员工历史平均成长周期、行业里员工的平均成长周期、top公司员工的平均成长周期、来自公司战略或业务要求的员工成长周期。

员工的成长时间影响员工的技能，员工的成长时间与员工技能的关系有以下两点。

（1）员工的成长时间与员工技能成正相关关系（见图1.10）。

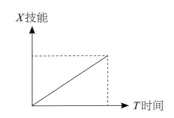

图1.10　员工技能与成长时间的关系图

（2）在一个岗位的低职级阶段，员工的成长速度快，达到该职级的技能目标所需要的时间短；随着岗位职级的递增，由于知识的复杂度增加（例如，从较低职级时直接运用成熟的工具，到较高职级时需要运用原理原则或者基于原理原则创生工具），以及更高职级的方法论的成熟度不足（岗位上很多高职级的方法论依赖于外部同业或异业方法论的输入），员工的成长速度慢，达到该职级的技能目标所需要的时间长（见图1.11）。

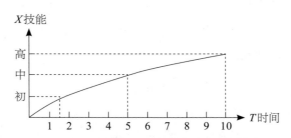

图1.11　不同职级员工的技能与成长时间的关系图

明确了员工的成长时间与员工技能的关系，接下来，就是测算员工技能在缩短成长周期后的贡献大小了。只需要2点：员工的成长周期参照标准、你这个技能提升项目的员工的实际胜任周期。为方便比较不同岗位之间员工加速程度的大小，我们不直接使用员工成长周期缩短的时间，即不使用员工成长周期的"参照时间－实际时间"这个公式，而是用标准化了的加速度来表示。员工成长周期的**加速度**是指员工成长周期缩短的程度。使用以下公式，

$$a = \frac{t_{参照} - t_{实际}}{t_{参照}}$$

其中，a是员工成长周期的加速度，$t_{参照}$是员工成长周期的参照标准时间，可以从5种参照标准中任选一种或几种做比较，$t_{实际}$是员工成长周期的实际时间（见图1.12）。

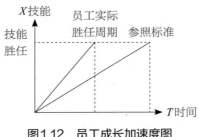

图1.12 员工成长加速度图

根据员工成长周期的参照标准的不同，可能有4种情况（见图1.13）。

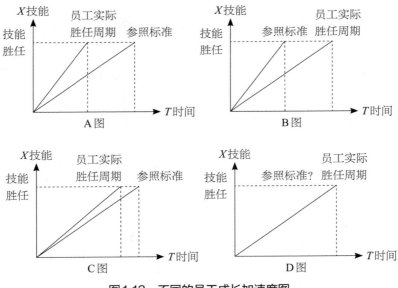

图1.13 不同的员工成长加速度图

A图这种现象一般出现在参照标准为员工自由成长的平均周期、有培训前提下的员工历史平均成长周期时；或者公司的培训成熟度高于行业平均水平，参照标准为行业里员工的平均成长周期时。

B图这种现象一般出现在参照标准为top公司员工的平均成长周期时；或者公司的培训成熟度低于行业平均水平，参照标准为行业里员工的平均成长周期时。

　　C图这种现象一般出现在参照标准为来自公司战略或业务要求的员工成长周期时。此时，只要等于或者少于参照标准的时间，均表示满足公司对人才培养效率的要求。

　　D图这种现象，只有员工的实际胜任周期，而无参照标准时间。这种情况下，我们既没有员工培养时间这个维度的目标，也无法测算员工培养时间这个维度的贡献值。这种现象目前在培训界很广泛，主要是由于没有正确的培训贡献值的测量方法论造成的。

（四）综合：培训效果评估的三维模型

　　我们把绩效与技能的关系、技能与成长时间的关系组合起来，就可以形成培训效果评估的三维模型（见图1.14）。

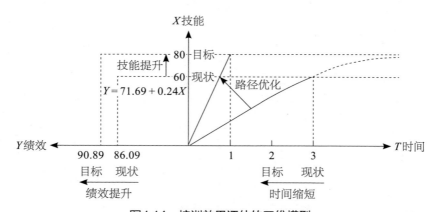

图1.14　培训效果评估的三维模型

　　我们如何来理解这个模型呢？这里的顺序与前面呈现的培训效果的三个测量的顺序不同，如下。

　　（1）先估算绩效与技能之间的关系，以确定员工技能对绩效的贡献值，即三维模型图中以纵坐标为中心的左边这一部分图（这部分就是图1.7逆时针旋转了90°）。技能对绩效的贡献值的大小，可以作为是否要对岗位投入资源做培训、投多少比例的培训资源等的参考依据。

需要强调的是，当影响绩效的因子局限在企业以内且各因子可控时，绩效与技能之间的关系是确定性的。例如车间员工技能提升，产品的产量会增加或产品的次品率会降低。当影响绩效的因子不仅限于企业以内，还有外部宏观环境的诸多影响因素时，由于a与b会随着时空的变化而变化且不可控，因此，绩效与技能之间的关系不是确定性的，即不必然存在随着员工技能提高，绩效就会增长的因果关系，详细的论证见第七章。

（2）当确定员工技能对绩效有显著的贡献值后，就需要测量员工的技能胜任现状，定义员工的技能培养目标，即三维模型图中的纵坐标这一部分图。如果员工的技能胜任现状较低（例如均值在60分以下），则该岗位员工的技能培训非常急迫；如果员工的技能胜任现状中等（例如均值在60 ~ 80分），需要精确识别出不胜任岗位的员工，并对这批员工做针对性的技能提升培训；如果员工的技能胜任现状较高（例如均值在80分以上），在行业中员工的成长速度也有优势时，公司可以考虑萃取该岗位的方法论对外输出。需要注意的是，这里的较低（60分以下）、中等（60 ~ 80分）、较高（80分以上）的分数只是一个示例，不是参考数据。具体的较低、中等、较高的参考分数要基于技能对绩效的贡献斜率，斜率越大，参考分数相应越高。

（3）当明确员工的技能水平现状和技能培养目标后，接下来是测算员工的现状成长周期，以确定是否要加速及加速多少，即三维模型图中以纵坐标为中心的右边这一部分图。是否要加速及加速多少根据参照标准时间来决定。

三维模型图中，纵坐标显示员工技能提升，右边显示员工加速成长，这两部分具有确定性，也是培训效果评估的重点。三维模型图纵坐标左边用以分析绩效与技能的关系，由于影响绩效的诸多因子中存在不可控因子，因此技能对绩效的预测不是确定性的。

总结一下，培训效果评估的三维模型表达了做培训的正确思路，即分析岗位技能是否是绩效的关键影响因素；在岗位技能是绩效的关键影响因素的前提下，分析员工的技能差距；基于参照标准时间，确定员工加速成长的时间。

四、培训效果评估六步骤

明确了培训效果评估的三个测量。那具体怎么开展呢？下面通过六个步骤逐一说明，分别是：

第一步，制作员工技能测量工具。在制作技能测量表时，要提前关注测量表的信效度，以提高测量工具的质量，降低由于测量工具导致的误差。

第二步，选择员工样本。实际工作中，当无法针对所有员工采集技能数据时，可以抽样选择一个样本代表员工总体。

第三步，收集和预处理数据。培训效果评估需要收集各种类型的数据，要注重收集方法，并对收集的数据做预处理，达到数据完整、正确、有效，以备后续的描述分析和推论分析。

第四步，描述和估计员工技能的特征。这一步从集中趋势、离散程度、分布形状来描述员工的技能特征，并用样本估计总体均值。另外，可以引入统计分析软件，利用工具帮助开展分析工作。

第五步，检验员工技能提升的显著性。这一步可使用假设检验的方法来识别员工技能是否提升及提升的显著性情况，从数据上证明培训对员工技能提升的效果。培训场景中常用的三种假设检验方法，分别是员工前测与后测的差异显著性检验，两个不同员工群体技能的差异显著性检验，三个（及以上）相互独立的员工群体的技能差异显著性检验。

第六步，建立绩效与技能的关系模型。这一步要分析绩效与技能的关系，构建绩效与技能回归模型，以及构建培训效果评估的三维模型。

本章总结

评估是一种普遍的思维形式，培训评估是评估的一种运用场景。

培训评估包括对培训需求分析、培训方案设计、培训资源开发、培训活动实施和培训效果评估共五个环节的评估。培训评估不是培训效果评估，前者是整体性的、全面性的，它既包含对培训效果和效率这个培训的最终结果的测量和呈现，也包含为达成这个结果而对培训全过程的评估和控制；后者只是针对培训效果和效率的测量，前者涵盖后者。

培训效果评估的对象是人的四类根能力，即人的知（认知能力）、意（意志品质）、情（审美能力）和肢体能力。对于企业人才培养来说，由于意志品质和审美能力的培养周期长，实践练习机会这一培养资源的获取成本高，使得这两项能力的培养投入的收益不大。因此，本书的培训效果评估的范围收敛在对员工的认知能力和动作技能的评估范畴。对员工的认知能力和动作技能的培训效果评估要以知识的四个类型及其四级认知过程为基础。

培训存在是因为员工技能对绩效有贡献甚至有显著贡献，因而要加速员工成长，缩短员工成长周期。这决定了培训效果评估的三个测量：测量员工的技能程度、分析绩效与技能的关系、测算员工技能胜任的加速度。

第二章

制作员工技能测量工具

本章你将学到的内容

◎ 测量的要素，以及测量工具的5种类型。

◎ 评估测量工具信度和效度的方法，以及提升测量工具信度和
  效度的方法。

◎ 3种员工技能测量表。

第一节　测量要素及测验类型

一、测量的要素

无论什么测量，都必须包含三个基本要素，即测量工具、测量单位和测量的参照点。测量结果是否科学、精确，取决于是否具备有信效度的测量工具、意义明确的测量单位和参照点。

测量工具是指按照一定测量规则设置的，用于赋予客体定性或定量数据的量表或仪器设备。例如，测量体重的测量工具是体重秤，测量员工专业技能水平的测量工具可以使用岗位专业技能胜任水平测量表。企业中，员工技能的测量工具通常使用的有书面形式的选择题、问答题等文字试题，和实操形式的情景模拟、实际操作等测量表。除了按照考核形式把测量工具分为书面考核和实操考核，企业培训效果测量中涉及的还有另外4种分类方式：按照测量尺度把测量工具分为类别量表、顺序量表、等距量表和比率量表，按照参照标准把测量工具分为常模参照测验和标准参照测验，按照评价形式把测量工具分为客观评价表和主观评价表，按照测量时机把测量工具分为形成性测验表和总结性测验表。由此可得测量工具的5种分类（见表2.1）。其中，按照考核形式的分类属性容易理解，无须赘述，按照后面4类属性分类的各个类目后面会详细介绍。

表2.1　测量工具的类型

分类属性	类目
考核形式	书面考核、实操考核
测量尺度	类别量表、顺序量表、等距量表和比率量表
参照标准	常模参照测验、标准参照测验
评价形式	客观评价表、主观评价表
测量时机	形成性测验表、总结性测验表

测量单位是指解释测量数据结果的性质的名称。例如，体重的测量单位是kg、g，员工从业时间的测量单位是年、月、日。在员工技能水平测量领域，通常使用分数为单位来表示员工技能水平的高低，例如员工张三的技能水平为80分。

参照点是指计算事物数量的起点，也就是零点。例如，体重的参照点是0kg。参照点有2种，一种是绝对参照点，一种是相对参照点。**绝对参照点**是以事物本身的绝对的零点作为计量起点。例如体重、长度、体积、员工入司时间。**相对参照点**是以人为指定的其他一个事物作为被测量事物零点的计量起点。例如测量地势的高度，是以海平面为计量的零点；测量摄氏温度，是以水的冰点为计量的零点。在员工技能水平测量领域，没有绝对零点，使用的是相对参照点。例如员工李四在一次技能考核中结果为0分，我们不能说员工李四没有技能，只能说员工李四无法正确回答这套技能考核题的所有问题。人的智力测验、能力倾向测验、人格测验使用的都是相对参照点。需要注意的是，使用相对参照点为计量起点时，测量结果只能表示差异的大小，而不能以倍数来解释。例如，员工张三的技能分为80分，员工王五的技能分为40分，可以解释为员工张三的技能水平比员工王五的高，但不能说员工张三的技能水平比员工王五的技能水平高2倍。

二、4种测量尺度

任何测量工具，都是按照一定的规则制订的。这种将定性/定量数据赋予测量客体所依据的规则就是**测量尺度**。根据测量依据的准确度，测量尺度分为4种类型，分别是定类、定序、定距、定比，而依据4种测量尺度所制订的测量表就分别叫作类别量表、顺序量表、等距量表和比率量表。下面分别介绍4种类型的测量尺度，以及在企业培训测量中的运用。

（一）定类

定类是以测量客体的属性特征为测量依据的一类测量尺度。例如按照性别把被测量的人分为男性、女性，按照产业把各行业分为第一产业、第二产业、第三产业，按照职能把公司各部门分为市场部、研发部、采购部、生产部、销售部等。

定类测量的各个类别互相排斥，观察结果只有唯一的一个类别，例如人的性别不能同时是男性和女性。定类测量的结果是定性数据，在数学逻辑上只能表示为"等于"或"不等于"，不能进行加减乘除运算，也不能排序。例如，在性别中把男性用数字"1"表示，女性用数字"2"表示，此处的数字"1"和"2"是不能进行加减乘除运算和排序的。

定类测量的结果是准确度水平最低的测量。在企业培训中，经常涉及到的定类测量有：按照员工技能水平把员工分类为合格员工和不合格员工，按照员工的能力结构把员工发展方向分为管理序列和专业序列，按照员工的在职年限把员工分为3年以内、3～5年、5年以上三类员工，按照业务类型把相同岗位的员工分为业务A员工、业务B员工等。在学习路径图方法论中，把人的能力按照知（认知）、意（意志品质）、情（审美）三种类型分别针对性做人才的培养方案和测量方案，而不是把三者混为一谈，就是运用的定类的尺度。

（二）定序

定序是将测量客体的属性按照高低、大小等程度分成若干层级，然后按照属性高低、大小的排序作为测量依据的一类测量尺度。例如按照年龄把人分为老人、中年人、青少年、儿童，按照教育水平把员工分为博士、硕士、本科、本科以下，按照满意度水平分为非常满意、比较满意、一般、不满意、很不满意5个等级。

定序测量表示的是被测对象的相对位置，并不能指明被测对象之间相差的程度。例如，我们知道在一次技能比赛中，张三第一名、李四第二名、王五第三名，这表明在技能水平上张三比李四好、李四比王五好，但我们不知道张三比李四好多少、李四比王五好多少。定序测量的结果也是定性数据，在数学逻辑上可以表示为"大于"或"小于"，也不能进行加减乘除运算。在测量的准确度水平上，定序测量比定类测量高。

在企业培训中，经常涉及到的定序测量有：按照技能水平把员工技能排序为优良中差四个等级，按照绩效水平把员工绩效排序为A类绩效、B类绩效、C类绩效，按照职级把员工排序为P1级、P2级、P3级、P4级、P5级。学习路径图在定序尺度的运用中，按照知识的含量和复杂度把制造业中各岗位的知识密度分为10级，其中科研类岗位的知识密度最高，为最高级10级，综合设计类的岗位的知识密度次之，PDCA类的岗位的知识密度再次之，SOP类的岗位的知识密度更低一些。综合设计、PDCA、SOP这三大类下，分别有具体的、不同知识密度等级分布的岗位示例（见图2.1）。

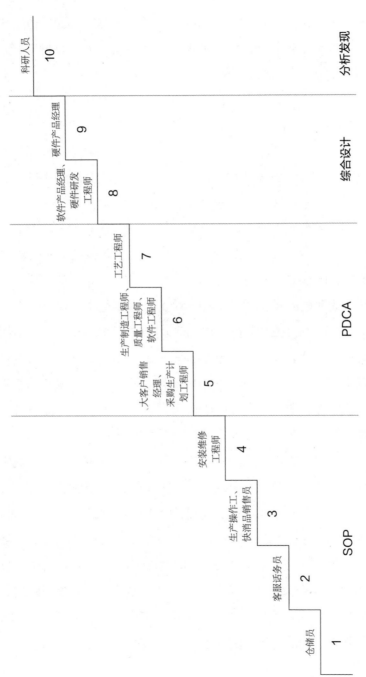

图2.1　制造业（各岗位）10级知识密度

（三）定距

定距是将测量客体的某个属性按照相等的间距分成若干份，然后按照等量间距的量表为测量依据的一类测量尺度。例如按照水的物理性质将水的冰点和沸点分成100等份，用以测量摄氏温度，当今各种智商测量表就是源于1912年德国心理学家斯特恩将智力水平分成200等份以用于测量人的智商。定距尺度测量得到的数值，除了具有分类、顺序的意义，数值的大小反映了两个被观察者的差距或相对距离。例如考试成绩90分比80分高出10分、智商130比智商110高出20、黑龙江冬天的平均温度比广东低50℃。

定距尺度有两个重要特性，其一是量表的每一个间距/刻度是相等的，其二是其参照点只有相对零点，而无绝对零点。定距尺度所使用的参照点，多以人为决定，基于测量的方便性而使用相对零点。当测量值为零时，并无一个绝对的意义，并非指测量客体不具备所测量的属性。例如，一名员工的某个任务的技能考试成绩为0分，并非指员工在该任务技能上为0分。幼儿园小朋友IQ测试答错了所有的题，也不能说这个小朋友的智力为0。定距尺度的这两个特性，决定了定距测量的结果是定量数据，在数学逻辑上可以进行加减运算，但不能进行乘除运算。

在测量的准确度水平上，定距测量比定序测量高。在实际的运用中，人们会把某种特定的定序尺度的测量结果近似看作定距尺度，例如把客户满意度分为非常满意=5分，比较满意=4分，一般=3分，不满意=2分，很不满意=1分这样5个刻度。研究者认为，由于这样的变量在测量尺度上的取值基本上是平均划分的，因此可以把这种类型的定序变量作为定距变量来对待，需要注意的是，这种处理方法只有在有充分理由确认测量尺度的划分是基本等距的时候才能使用。

在企业培训中，经常涉及到的定距测量有使用量表测量员工的技能、绩效，使用学员满意度评分表测量学员对某个课程、某个项目的满意度。学习路径图在员工的技能评价中运用了定距的方法，把员工的某一个具体的行为技能赋予5分制（见表2.2）。

表2.2　员工行为技能衡量标准

分值	刻度	定义	水平
1分	主观感觉或碎片化记忆	凭主观感觉猜想工作行为下的知识点，而不是描述已验证过的知识点；或者碎片化陈述工作行为下的知识点，而不能完整地描述。	零基础
2分	理解	能正确陈述工作行为下的知识点，包括陈述并解释工作行为下的工具方法、原理原则、概念和信息	入门
3分	执行	在常规场景下，能正确执行工作行为，并产出正确的结果	胜任
4分	敏捷	能敏捷地执行常规场景下的工作行为，且能执行复杂场景	资深
5分	创造[①]	能识别、设计、验证工作行为所需要的知识点	专家

（四）定比

与定距这一类测量尺度相比较，**定比**指的是有绝对零点的一类测量尺度。在这类测量中，绝对零点"0"表示没有相应的属性特征。例如测量体重、身高、年龄的尺度中，"0"表示的是没有重量、没有高度、没有出生。定比没有负数。定比尺度测量得到的数值，除了具有分类、顺序、计算差距的意义，还可以表示倍数。例如体重80kg是体重40kg的2倍。定比测量的结果是定量数据。因为定比有绝对零点，因此在数学逻辑上既可以进行加减运算，也可以进行乘除运算。在测量的准确度水平上，定比是准确度水平最高的测量尺度。在企业培训中，经常涉及到的定比测量有计

---

① 在记忆、理解、运用、创造这四个认知过程中，前三者是针对已有知识的整体或部分，创造是针对未知的知识。创造需要从许多信息源（材料）中寻找各种元素，并将各元素整合成一个在结构或功能上与原材料不同的整体，创造产生新产品或新方法。

算员工的岗位工作时间、与量有关的绩效值（例如销售岗位的销售量、销售额）等。

任何测量结果都能够归属到以上4种测量尺度中。4者的关系体现为高的测量尺度包含所有在其之下的测量尺度的特性，即定比包含定距、定序、定类的特性，定距包含定序、定类的特性，定序包含定类的特性。在收集数据时，测量尺度越高，收集的数据就越多。综合以上，总结4种测量尺度的特性如下（见表2.3）。

表2.3　4种测量尺度的特性表

准确度水平	测量尺度	特点	数学逻辑	定性/定量	举例
1	定类	数字代表分类	=, ≠	定性	性别、职能
2	定序	数字代表顺序	>, <	定性	学历、职级
3	定距	数字代表量，刻度等距，是相对零点	+, −	定量	智商、技能
4	定比	数字代表量，有绝对零点	+, −, ×, ÷	定量	体重、销量

三、常模参照测验和标准参照测验

根据测量参照标准的不同，教育或培训的测量可以分为常模参照测验和标准参照测验两种。

常模参照测验是将被测试个体同常模比较，从而衡量个体水平的测验。例如智商测验、大学期间的四六级考试[①]、公务员考试。常模参照测

[①] 中国教育考试网全国大学英语四、六级考试的分数解释：大学英语四、六级考试的分数报道采用常模参照方式，不设及格线。四级考试的常模群体选自全国16所高校的约3万名非英语专业的考生；六级常模群体选自全国5所重点大学的约0.5万名非英语专业的考生。每次考试等值后的卷面分数都参照常模转换为报到分。

验的主要目的是将被测试个体同常模比较，从而判断被测试个体在所属团体中的相对位置，常用于选拔性和竞赛性的测试。

标准参照测验是以预定的目标为参照标准来衡量个体水平的测验，又叫目标参照测验。例如学生的期末考试、职业技能鉴定考试。标准参照测验的功能是将被测试个体的测试结果同已经规定的目标作比较，从而判断被测试个体达到既定目标的程度，通常以合格与不合格、达标与未达标来表示。

常模参照测验强调被测试群体之间的相互比较，因而往往只能反映被测试个体和其他人的相对水平，而不能确定被测试个体达到目标的程度。标准参照测验则强调被测试个体达到测验目标的程度，因而能反映被测试个体的绝对水平及其在知识习得方面的强弱点。在测量员工是否胜任岗位时，应该选择标准参照测验。

企业培训开展标准参照测验需要符合员工技能胜任水平测量的五个一致性原则，即在测量员工的岗位技能胜任水平时，要保持测量与任务输出（任务目标）、工作行为、学习内容、学习目标的五个一致性。下面用一个简略图表示（见图2.2），详细的五个一致性见表1.15。

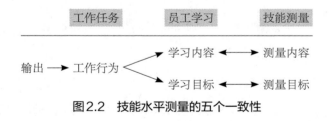

图2.2　技能水平测量的五个一致性

在企业员工技能水平测量中，如果违反了五个一致性原则，是无法进行标准参照测验的。

四、客观评价和主观评价

按照对测量结果的评价形式的不同，培训效果测量可以分为客观评价和主观评价两种。

客观评价是指判定测量结果/受测者答案的标准在任何人使用时都一致，测量结果/受测者答案与评价标准是符合与不符合关系的测量。例如，一个多选题的正确答案是ABC，任何人都使用ABC这个评价标准来判断受测者的回答，而不存在有一部分人会使用BCD，这是评价标准在任何人使用时都一致；而某位员工的答案是ACD，这名员工的答案与评价标准ABC只存在符合与不符合关系。

客观评价的问题基本都是封闭式问题，题型多以是非题、单选题、多选题、填空题的形式出现。需要注意的是，一些形似问答题的题型，也有可能是客观题。例如，长三角包含哪几个省？

客观评价的优势是测量的信度高，不会因为人为主观的评价造成误差；劣势是只适合测量认知过程中记忆和理解层级的学习目标，对于运用和创造层级的则很难实现。

主观评价是指评价标准在不同的评分人使用时无法保持100%一致、测量结果/受测者答案与评价标准的符合程度还需要人为判断的测量。例如，论述题虽然有参考答案，但是不同评分人使用这个参考答案时的理解不一样，对参考答案的运用也就不一样。

主观评价的问题基本都是开发式问题，题型有问答题、论述题、案例分析、主题答辩、情景模拟、实操考核等。

主观评价中，基于评价标准对人的主观感受的依赖程度高低，将评价标准分为两种：自由裁量和定义刻度。**自由裁量**是指基于依赖于人的主观感受的评价标准，**定义刻度**是指基于外显的行为动作或事实作为依据的评价标准。例如顾客满意度评价标准中的自由裁量和定义刻度对比（见表2.4）。

表2.4 自由裁量和定义刻度的对比

分值	自由裁量	定义刻度
1分	非常不满意	客户书面投诉
2分	不满意	客户有抱怨
3分	一般	客户没有表现出情绪
4分	满意	客户表现出愉悦
5分	非常满意	客户给五星好评

主观评价可以考核员工技能中的运用和创造层级的认知过程维度。其中，定义刻度的评价标准以外显的行为动作或事实作为依据，尽可能地降低人为主观的影响，测量的信度高；自由裁量的评价标准严重依赖人的个体主观感受，每个个体的主观感受的差异会造成较大误差，测量的信度低。在学习路径图方法论中，主观评价的评价标准采用的都是定义刻度，详细见本章第三节。

采用客观评价还是主观评价，与学习目标有关。记忆和理解层级的学习目标用客观评价，而运用和创造层级的需要用定义刻度的主观评价。

在员工技能水平测量中，采用客观评价还是主观评价还取决于知识的类型。根据表1.10可知，员工执行一个工作行为，针对4种知识类型的学习目标分别是：信息类知识的学习目标是记忆，概念类知识是理解，原理原则和工具方法类知识是运用，固此得出表2.5。

表2.5说明：（1）针对于记忆和理解层级的认知目标，使用客观评价，可以采用的题型有是非题、单选题、多选题、填空题。（2）针对于运用层级的认知目标，使用主观评价，原理原则类的知识可以采用的题型有问答题、论述题、案例分析、主题答辩；思维工具类的知识可以采用的题

型有案例分析、主题答辩、情景模拟、实操考核；物理工具类的知识可以采用的题型有情景模拟、实操考核。

表2.5 知识类型、学习目标和评价标准的对应表

知识类型		学习目标	评价标准	题型
信息		记忆	客观	是非题、单选题、多选题、填空题
概念		理解	客观	是非题、单选题、多选题、填空题
原理原则		运用	主观	问答题、论述题、案例分析、主题答辩
工具方法	思维工具	运用	主观	案例分析、主题答辩、情景模拟、实操考核
	物理工具	运用	主观	情景模拟、实操考核

需要注意的两点是：（1）上表并不表明原理原则、工具方法只能使用主观评价，当考核原理原则、工具方法的记忆和理解层级的认知过程时，是可以使用客观评价的。只是对于原理原则、工具方法的记忆和理解层级的考核，不属于员工技能水平的考核，而是对员工技能的形成过程进行的检验，具体见下文"形成性测验和总结性测验"。（2）原理原则、工具方法在创造层级的认知过程由企业内各岗位的专家通过研究课题的形式开展，不需要测量。

五、形成性测验和总结性测验

根据测量时机的不同，教育测量分为准备性测验、形成性测验、过程性测验、诊断性测验和总结性测验5种。适用于培训效果测量是形成性测验和总结性测验两种。

形成性测验是在培训过程中实施的，旨在获取员工的知识、技能的习得情况的测验。例如，某水业公司在给新晋的中级设备管理工程师开展

"9类典型设备常见故障及原因分析"的面授培训后，对这批学员做了第一次测验，以收集他们在面授培训中对知识的掌握情况，同时把这些学员尚未习得的知识反馈给讲师（讲师用于调整下一次教学方式）和学员带教导师。在接下来的在岗训练学习过程中，带教导师补充讲解学员尚未习得的知识点并开展实践练习教学，在每3类典型设备的实践练习完成后，带教导师做了第二、第三、第四次测验。这些为让员工胜任任务而在培训过程中开展的测验都是形成性测验。形成性测验有两种功能：一种是课程讲师/带教导师通过学员的学习成效、学习进度，获得反馈信息，发现教学问题，调整教学方式和进度；第二种是学员获得自身学习情况的反馈，发现尚未习得的知识和技能，以便在接下来的学习中有针对性地学习和训练。

总结性测验是在一个任务培训完成或所有任务培训完成后实施的，旨在获取员工技能水平的测验。例如，上述水业公司在学员完成典型工作任务"分析设备问题"的面授培训、在岗练习＋导师带教、阅读自学等所有学习项目后，对这批学员就工作任务"分析设备问题"做了一次总结性的测验，以检验这批学员的实际技能习得水平。总结性的测验的目的就是评定学员的技能习得情况，并判定学员的学习结果是合格还是不合格。

在学习路径图方法论中，形成性测验是在综合学习方案中的课堂培训后，每一次的导师带教时开展的，总结性测验是在综合学习方案中的最后一种学习方式，即总结与分享时开展的（见图2.3）。

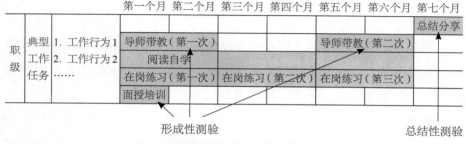

图2.3　综合学习方案对应的测验类型

第二节　测量工具的信度与效度

一、真实值、观察值与误差

你参加一个任务主题的考试，得到了一个成绩，可能是88分或者是75分，这个成绩是**观察值**。而这个任务主题下你的真实掌握程度是80分，这个100%反映你真实掌握程度的分数就是**真实值**。

我们无法直接测量个体的真实值，只能用观察值从理论上来反映个体的实际水平。假设考试题或测试卷是对个体实际水平100%完美的反映，那么观察值等于真实值。但这种假设存在的概率很低，因此，我们看到的观察值可能非常接近真实值，但很少相同。真实值与观察值之差就是误差，**误差**就是指在测量过程中由于某些错误或某些不可控的因素而造成的偏离真实值的数量。例如你考试得了88分，你的真实水平是80分，那么这8分的差异就是误差。用数学公式表达三者之间的关系，就是：

$$真实值=观察值+误差$$

误差可能是正数，也可能为负数。按照产生的原因及对测量结果的影响，把误差分为两类：系统误差和随机误差。**系统误差**是指在一定测量条件下对同一个对象进行重复测量时，大小保持不变的误差，或者在测量条件发生变化时，按一定规律变化的误差。例如，某体重秤零点不准，我们使用该体重秤多次重复测量体重，测量的体重误差大小不会发生变化；当校正零点时不小心调整错了，测量的体重误差会随之规律性变化。系统误差稳定地存在于每一次测量中，它影响测量结果的准确性，即观察值与真实值不一致。**随机误差**是指在一定测量条件下由偶然因素引起的随机的、无规律的误差。例如，某人测量体重时，脚后跟落在地上造成了随机的误差。随机误差的大小不是固定不变的，它影响测量结果的稳定性，即每一次的观察值不一样，也会影响测量结果的准确性，即观察值与真实值不一致（见表2.6）。

表2.6　系统误差和随机误差的特点

误差类型	系统误差	随机误差
图示		
特点	大小稳定地存在每次测量中，或者规律性变化	大小随机地、无规律地变化
产生原因	恒定的、有规律的因素	偶然因素
测量结果的影响	观察值与真实值的准确性	每一次观察值的一致性，观察值与真实值的准确性

　　要使测量结果准确可靠，必须尽可能地减少误差，而减少误差的前提是了解误差的来源。培训测量常见的误差来源包含三个方面：测量工具、测量过程、被测量对象。

　　在误差来源的三个方面中，由测量工具引起的误差影响是最大的。同样在目前的企业培训效果测量中，由测量工具造成的误差是最严重的。测量工具引起误差的来源有5项，分别是测量内容构成、测量项的描述、客观题中测试题的格式、物理工具和测量时限。每一项的误差影响如下。

（1）测量内容构成。当构成测量工具的测量内容能完整覆盖岗位知识点，并体现出岗位的行为技能目标要求时，误差就小。相反，如果考核的知识点过载（考核超出某岗位工作任务的知识点）或遗漏；知识点的考核难度太简单，具体表现为对概念、原理、工具的知识点只考核记忆的认知目标，而缺少考核其理解、运用的认知目标，此种情况下的误差就大。测验工具中，测量内容的构成的误差影响是最大的。

（2）测量项描述。当测量项或者题目用语不当、叙述不清时，会造成误差。

（3）客观题格式。针对是非题、选择题这一类客观题，员工可能仅凭猜测作答而造成误差。

（4）物理工具。针对需要物理工具的操作题，工具的准确度会造成误差。

（5）测量时限。测量时限过短或过长都会造成误差。

测量过程引起误差的来源有3项，分别是测验时的物理环境、评分者和意外干扰。其中，物理环境包括测量现场的温度、光线、通风等，温度高低、光线强弱、通风情况等会影响员工的作答状态，进而造成误差；针对主观题的评分，会因为评分者对评分标准的理解程度、评分者的情绪等因素造成误差；在测试时有一些未能预知的意外因素，例如突发停电、突发疾病等，这些干扰也会造成误差。

被测量对象引起误差的来源有2项，分别是被测量对象的测验经验和其生理因素。员工在测验之前是否进行了足够的练习，会影响其作答状态，进而造成误差；员工在测验时的健康状态，如疲劳、焦虑等生理或心理因素，也会影响其作答状态，进而造成误差。

以上培训测量常见的误差来源可总结在一张图中（见图2.4）。

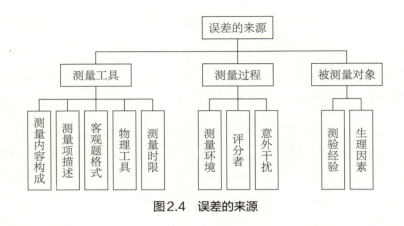

图2.4　误差的来源

二、信度

测量工具是误差的首要来源，因此，我们测量和检验员工的技能水平，首先就要保证用以测量员工技能水平的测量工具，能稳定有效地发挥作用，尽可能地降低测量工具造成的误差。要让测量工具稳定有效地发挥作用就要达到两个指标，分别是信度和效度。

信度是指使用测量工具对被测量对象做2次或多次测量，这些测量结果的一致性程度，即测量结果的可靠性或稳定性程度。例如称体重，我用体重计A称量了3次，在所有条件一样的情况下，称量结果分别是50公斤、60公斤、45公斤，3次的称量结果一致程度很低，我们就可以说该体重计的测量结果信度低；接下来我换了一台体重计B也称量了3次，分别得到了60公斤、60公斤、60公斤的结果，3次的称量结果一致程度很高，我们可以说该体重计的测量结果信度高。

信度是任何一种测量的必要条件，在员工的培训效果测量中也同样很重要。测量结果的信度越高，说明误差所占的比重越小，测量的观察值与真实值的差距越小，结果的可信度越大。信度的高低用信度系数表示，按照一致性程度从低到高信度系数的取值范围为0～1。信度系数越接近于0，误差所占比重越大，观察值离真实值差距越大，测量结果越不可靠；信度系数越接近于1，测量结果越可靠。在教育和培训测量中，信度系数达到1是很困难的，甚至是不可能的。美国学者德维利斯（Robert F. Devellis）认为，在教育和培训测量中，不同信度系数对应的测量结果，可接受程度的定性描述如下表2.7。

表2.7　信度系数对应的测量结果的可接受程度

信度系数	测量结果的可接受程度
0.8以上	非常好
0.7～0.8	相当好
0.65～0.7	可接受
0.6～0.65	最好不要

理论上，信度系数的计算公式是真实值的方差与观察值的方差的比率。因为真实值在实际中是未知的，因此，在实际操作中，用两次或多次测量结果的相关系数来表示信度系数。

（一）信度的类型

由于误差的来源不同，以及分析测量一致性的侧重点不同，信度的估算方法也有多种，相应常用的信度类型有4种，分别是再测信度、复本信度、内在一致性信度和评分者信度。

1. 再测信度

再测信度是指使用同一个测量工具在不同的时间内，对同一批被测量对象实施两次测量后所得结果的一致性程度。再测信度的大小等于两次测量分数的皮尔逊积距相关系数[①]。其计算公式是：

$$r_{x_1x_2} = \frac{n\sum x_1x_2 - \sum x_1 \sum x_2}{\sqrt{[n\sum x_1^2 - (\sum x_1)^2] \times [n\sum x_2^2 - (\sum x_2)^2]}}$$

其中，$r_{x_1x_2}$是信度系数，n是被测量的人数，$\sum x_1x_2$是每一位被测量对象两次测量结果的乘积之和，$\sum x_1$是被测量对象第一次测量结果之和，$\sum x_2$是被测量对象第二次测量结果之和，$(\sum x_1)^2$是$\sum x_1$的平方，$(\sum x_2)^2$是$\sum x_2$的平方。

在实际计算信度系数时，我们不需要用如此复杂的公式进行人工计算，可以直接借助于统计学工具。例如使用SPSS软件计算再测信度，详见第七章。需要注意的是，第七章是研究技能与绩效的相关性，本章再测信度是研究技能的两次测量结果的一致性。

再测信度的优点在于只需要编制一套测量工具，且两次测量的属性完全相同。不足之处是其信度的大小容易受两次测量间隔时间的影响，当间隔时间过短时，受第一次测试的影响，被测量对象在第二次测试时会仅凭回忆作答，从而增大误差；当间隔时间过长时，被测量对象已有多次练习和经验积累再测信度也会受影响。因此，在培训效果测量中，再测信度适用于在一定间隔时间内（时间间隔取值以少受记忆和经验积累的影响为依据，建议2~7天），包含动作技能的测验，例如驾驶汽车、使用医疗设备执行手术、操作生产工具等。

2. 复本信度

复本信度是指使用在内容、题型、题量、难度、题目表述及时限等方面相当，但试题本身并不相同的两个测量工具，对同一批被测量对象连续实施测量，或者在较短的间隔时间内实施测量后所得结果的一致性程度。

[①] 皮尔逊积矩相关系数：这个相关系数是以它的发明者卡尔·皮尔逊（Karl Pearson，1857—1936）命名的。他是英国数学家、生物统计学家、数理统计学的创立者。

其大小等于两个测量工具所测分数的皮尔逊积距相关系数。复本信度的计算公式可以参考再测信度，只是 x_1 和 x_2 分别指的是两个测量工具测得的结果。

相比再测信度，复本信度因为测试题不同，所以可以避免被测量对象的记忆、对测试题的针对性练习、第二次测试时的主观意愿等方面的影响。不足之处是要编制两套等值的测试题是很困难的；同样的，当间隔时间过长时，复本信度也受被测量对象多次练习和经验积累的影响。因此，在培训效果测量中，复本信度均可以适用，但需要注意的是要在少受经验积累影响的间隔时间内开展第二次测量。

3. 内部一致性信度

在实际工作中，如果使用同一个测量工具重复实施测量有诸多限制，编制等同的复本也比较困难时，可以采用内部一致性信度，该信度只用测量一次就能得出结果。

内部一致性信度是指测验测量工具内部所有测量项之间，在测量性质或关注领域方面的一致性程度。例如，用"开发供应商""询价比价""招标""谈判""管理采购风险"这 5 个测试项来测量采购经理的技能水平，因为这 5 个测试项都是采购经理的典型工作任务，所以具有很高的内部一致性。而如果使用"开发供应商""询价比价""招标""演讲技巧""时间管理"这 5 个测试项来测量采购经理的技能水平，由于后 2 个测试项不是工作任务而是能力，测量的性质不一致，所以这个测试工具的内部一致性信度就低。

按照计算方法和测量项形式的差异，内部一致性信度的估算方法分半信度、库德－理查逊信度、克龙巴赫 α 系数。下面介绍培训效果测量领域适用性更强的克龙巴赫 α 系数。

克龙巴赫 α 系数是指每一个测试项的得分与测试工具所得总分之间

的一致性程度。例如，采购经理A的技能水平总分高，其在5个测试项的得分也很高，而采购经理B的技能水平总分低，其在5个测试项的得分也较低。克龙巴赫 α 系数的计算公式如下：

$$\alpha = \frac{k}{k-1}\left(1 - \frac{\sum \varsigma_i^2}{\varsigma_x^2}\right)$$

其中，α是克龙巴赫系数，k是测试项的个数，$\sum \varsigma_i^2$是每一个测试项的方差的总和，ς_x^2是所有被测量者总分的方差。

克龙巴赫系数 α 最好在0.8以上，在0.6 ~ 0.8可以接受。如果 α 信度系数低于0.6则考虑修改测量量表。

下面介绍使用SPSS软件计算克龙巴赫系数 α 的4个步骤，数据"10个测试者在5个测试题的得分"在培根网学习地图商城中获取（具体获取方式见附录）。

（1）在SPSS中打开数据。

（2）点击可靠性分析：点击路径为"分析—刻度—可靠性分析"。

（3）移入数据：把5个测试题的得分都移入到"项"中，点击确定。

（4）读取结果：结果如下，这5个测试题的克龙巴赫系数 α＝0.627，可以接受。

评分者信度是指不同评分者针对主观测量工具的评分结果的一致性程度。这类信度在第四章中详细阐述。

（二）保证和提高测量工具的信度

需要注意的是，上述再测信度、复本信度、内在一致性信度都是在测量工具、测量过程、被测量对象三方面共同影响下产生的结果。因此，我们要从测量工具、测量过程、被测量对象这三个方面来提高信度。测量过程、被测量对象在第四章中详细阐述。这里说明在培训效果测量中保证和提高测量工具信度的方法，如下：

（1）规范化描述测量项/测试题。测试项/测试题的描述要准确、简明、无歧义，避免不同的人对同一段描述产生不同的理解。

（2）增加测验的长度。测验的长度指的是测量项的数量或者一份试卷中测试题的题量。通常情况下，测验的长度越长，即内容的取样越广，信度越高。但需要注意的是，测量长度的增加与信度系数的提高不是等比例的，信度较小时，增加测量的长度可以使信度提高很多；信度已经较大时，增加测验的长度使信度提高的较少。测验的长度与原来信度系数的关系公式如下：

$$n = \frac{r_{nn}(1-r_{xx})}{r_{xx}(1-r_{nn})}$$

其中，n是增加以后的测量长度与原测量长度之比，r_{nn}是增加测量长度后的信度，r_{xx}是原测量长度的信度。

（3）给予合适的测验时限。测验时间过短，员工可能会因为时间限制，不能充分作答某些能反映其真实水平的测试题，进而降低信度；测验时间过长，熟练度不高的员工会有足够的时间作答，造成无法与熟练度高的员工区分开来，进而降低信度。因此，客观题测试时间以大多数员工能完成的时限来设置，主观题测试以工作要求的时限来设置。

（4）对于带有选拔性质的测试，即常模参照测验，还要控制试题的难度。测试题简单，例如试题都在记忆层级，员工都能作答正确，无法区分员工水平的高低；测试题太难，例如试题都在综合创造层级，员工大都无法作答或者猜测作答，也无法区分员工水平的高低。测试题太难或太简单，信度都会低。难度的量化指标是难度系数（P值），P值介于0～1，代表测试题从简单到难。按照平均得分的P值的计算公式如下：

$$P = \frac{\bar{x}}{x_{max}}$$

其中，P是难度系数，$\bar{x}$是被测量对象全体在某一个测试题上的平均得分，

x_{max} 是某一个测试题上的总分。

一般，单个测试题的难度系数介于 0.3 ～ 0.7，测试卷的整体难度在 0.5 时比较好。

对于没有选拔性质，而是测量员工的实际水平情况，不需要控制难度，而应该按照岗位工作行为的学习目标考核员工。

三、效度

信度决定着测量工具能否稳定地发挥作用，但测量工具能否达到预期的测量目的，以及预期的测验程度，还要看效度。例如，我们用身高尺来测量体重是不可行的，因为身高尺这个测量工具与测量体重这个预期目的不符。又比如张三的体重一直控制在 50kg，可某天他使用某个体重计测量了 3 次，每次都是 60kg，那我们不能直接断言张三突然长胖了 10kg，很有可能是这个体重计无法准确测量出真实的体重。这个用以检验测量工具能否达到其预期的测量目的，以及预期的测验程度的指标，就叫效度。

效度是指测量工具能正确测量出被测量对象性质的程度，即测量结果的有效性或准确性程度。例如上述例子中张三用的体重计无法准确称量，我们就说这个体重计的效度低；张三换了一个体重计 C 又测量了 3 次，每次都是 50kg，体重计 C 能准确称量，我们就说这个体重计的效度高。

（一）效度的类型

根据检验效度的角度和方法的差异，1974 年美国心理学会在《教育与心理测验标准》中将教育和培训领域的效度分为内容效度、效标关联效度和建构效度三大类。

1. 内容效度

内容效度是指一个测量工具的测量内容与所需要测量的目标内容之间的吻合程度。在培训效果测量中，内容效度就是测量表或试卷的内容能代表岗位技能要求的内容的程度。这句话包含两层意思：一是测量表所涉及的知识点，是否能代表岗位工作任务所需要的所有知识点；二是测量表中知识的认知程度，是否达到能执行岗位要求的工作行为，即知识测量的目标是理解和运用级别。如果岗位工作任务需要60个知识点，但是测量表只涉及到其中非关键的30个；或者某个工具在试题中只是让员工简单回忆其组成内容和工具方法的操作步骤，而没有让员工运用该工具去解决一个实际工作中出现的问题，那么这个测量表是不能得出员工的真实技能水平的。

目前尚不能运用公式计算一个数字来描述测量量表或测验试题与全部学习内容之间的关系，而是用测量表内容的代表性或测验试题题目分布的合理性来对内容效度做定性判断。常用的有2种判定方法：逻辑分析法和前后测比较法。

（1）在培训领域，逻辑分析法是由内容专家对测量表或测试题中所涉及的知识点，与执行岗位工作任务所需要的知识点及技能目标要求相比较，并判断测量表或测试题是否有代表性的一种内容效度验证方法。学习路径图方法论使用岗位知识图谱作为逻辑分析法的参照标准来编制测量工具，在内容方面有很高的效度，该方法在本章第三节中详细阐述。

（2）在培训领域，前后测比较法是在开展一个培训项目前对准备参加培训的员工做前测，在培训项目结束后，对同一批员工做后测，如果前后测的结果有显著性差异，且后测结果优于前测，则表明测量工具的内容与培训项目学习的内容相符，即测量工具的内容效度高；如果前后测的结果没有显著性差异，则表明测量工具的内容与培训项目学习的内容不相符，即测量工具的内容效度低。检验员工技能前后测显著性差异的方法见

第六章第二节。

内容效度适用于员工技能水平的测量，也适用于人员的选拔性测试。内容效度的前提是要对岗位做全面的知识分析和学习目标分析，这样才能保证测量工具内容的取样代表性，以及测量目标的设置合理性。

2. 效标关联效度

效标关联效度是指一个测量工具与另外一个在内容效度上经过验证了的测量工具或指标的一致性程度。其中，另外一个在内容效度上经过验证了的测量工具或指标叫作**效度标准**。例如，培训管理员组织产品经理、内容专家制作了一套测试题，将这套测试题与已知有效度的产品经理胜任标准做对照分析。

按照效度标准的数据获取的时间长短，将效标关联效度分为同时效度和预测效度两种。

（1）**同时效度**是指在同一时间段内使用待检验的测量工具和效度标准连续测量员工，计算这两个工具获取的结果的相关系数的方法。由于两个测量结果都是定距数据，因此采用皮尔逊积矩相关系数。当两个测量结果的相关系数在0.7以上，或者说相关结果显著时，则被检验的测量工具的效度高。

（2）**预测效度**是指在取得待检验的测量工具的测量结果后，间隔一段时间再获取效度标准的数据结果，计算两个结果的相关系数的方法。预测效度的效度标准可以选用实际工作中产出的绩效指标。例如某家电公司针对结构工程师岗位选用的效度标准是产品设计的一次性通过率，在员工完成学习路径图项目后开展了员工的技能水平测验。在这批员工独立上岗后，记录其设计产品的一次性通过率，一年后计算员工的技能水平测验结果与其一年设计产品的一次性通过率的相关系数。预测效度的计算方法是检验由测量工具区分的团队，是否与由效度标准测量所区分的团体相符合。具体的做法是按照效度标准的数据结果，将员工分成高绩效和低绩效两个小组，然后检验这两个小组原来使用测量工具所得结果的差异是否显著。如果差异显著，则认为使用测量工具的效度高，如果差异不显著，则认为测量工具的效度低。

在效标关联效度中，效度标准的选择要具备3个条件。

（1）相关性，即效度标准要与测量的性质相关。

（2）有效性，即效度标准要能真正反映所要测量的性质，例如结构工程师岗位的效度标准选用产品设计的一次性通过率，而不是产品设计的销售合同金额。

（3）可靠性，即效度标准信度高。

建构效度在企业培训效果测量领域甚少运用，本文不做描述。

（二）保证和提高测量工具的效度

在培训效果测量中，保证和提高效度的方法如下：

（1）保持五个一致性。保持测量与任务输出（任务目标）、工作行为、学习内容、学习目标的五个一致性，是员工技能水平测量的基本原则。如果测量工具的内容多于岗位要求的输出和工作行为所包含的知识，员工无法将超出的这部分知识运用到实际的工作中，在测试后也不会学习，那么这部分知识的测试属于无用测试；如果测量工具的内容少于岗位要求的所有知识，则无法评估出员工的真实水平，也无法完整识别员工的技能问题点；如果测量内容的目标高于或者低于学习目标，也无法评估出员工的真实水平和识别员工的技能问题点。

（2）提高信度。信度是效度的前提，一个测量工具的信度低，其效度必然也低；测量工具的信度高，其效度不一定高；测量工具的效度高，其信度一定高。以下是信度和效度关系的3种图示（见图2.5）。

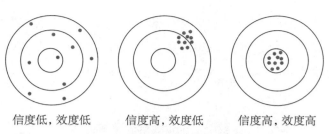

图2.5　信度和效度关系的3种图示

效度的最大值受信度的限制，一个测验的效度不超过其信度的平方根。例如，一个测量的信度是0.64，那么这个测量的效度不会高于0.8（$\sqrt{0.64} = 0.8$）。

第三节 开发员工技能测量表

一、员工技能测量表的性质

培训效果测量的第一项就是员工的岗位技能程度,这决定了员工的技能测量量表从参照标准上是标准参照测验、从测量尺度上是等距量表、从测量时机上属于总结性测验;而评价形式和考核形式则取决于知识的类型及其认知目标,详见表2.5。因此,从测量工具5个属性的角度出发,员工岗位技能程度测量表的性质如下(见表2.8)。

表2.8 员工岗位技能程度测量表的性质

属性	性质	解释
参照标准	标准参照测验	测试员工达到目标的程度,而不是员工之间的相互比较
测量尺度	等距量表	反映员工技能与目标的差距,而不是分类或排序
测量时机	总结性测验	获取员工的技能水平,而不是知识、技能的习得过程
评价形式	客观评价	测量信息的记忆程度、概念的理解程度
	主观评价	测量原理原则和工具方法的运用程度
考核形式	书面考核	针对信息、概念、原理原则、思维工具类知识
	实操考核	针对物理工具类知识

按照信度的可靠性和效度的准确性程度的高低,将员工技能测量表分为3级,分别是基于岗位典型工作任务的简易测量表、基于工作行为的精益测量表及基于知识的认知目标的精益测量表。这3级测量表的信效度依

次增加，即基于典型工作任务的简易测量表的信效度＜基于工作行为的精益测量表的信效度＜基于知识的认知目标的精益测量表的信效度。

　　从制作的便利性方面，简易测量表的制作最容易，基于工作行为的精益测量表次之，基于知识的认知目标的精益测量表的编制最复杂。这三种测量表中，前两种均属于主观评价，不区分考核形式。下面分别介绍三种测量表。

二、简易测量表

　　简易测量表是指以岗位的典型工作任务为测量项的技能水平测量表（见表2.9）。该表以员工完成该任务的质量和熟练度为衡量标准，其中，衡量标准中的质量和速度以合格（1分）和不合格（0分）定义刻度。

表2.9　简易测量表的结构

序号	典型工作任务	衡量标准	
		质量	速度
1			
2			
3			
4			
5			
6			

　　下面以培训经理技能水平的简易测量表为例，详细说明简易测量的构成（见表2.10）。培训经理的工作任务有很多，其中最典型有6项，分别是运营培训项目、设计与开发课程、分析工作任务、萃取技术知识、评估

培训效果和设计培训项目，且这6项的难度依次增强①。这6项作为培训经理技能水平的测量项，除此不考虑其他非典型任务（例如，编制年度培训计划、授课、建立讲师队伍）。

衡量标准采用2个维度，第一个维度是完成任务的质量，即是否达成了任务的输出，任务的输出见表1.11；第二个维度是完成任务的速度。2个维度的刻度都采用定性判断的方法，分别为合格（1分）和不合格（0分）。其中，每一个任务在质量维度合格（1分）的前提下，再评估速度这个维度；如果任务的质量不合格，则速度这个维度也不合格。例如，张三能按照正确的方法执行"萃取技术知识"的任务，且输出正确的结果，因此在质量这个维度可以判定张三合格，打分为1分，在该前提下，再判定张三对这个任务的执行速度是否合格；如果张三不能按照正确的方法执行"评估培训效果"这个任务，在质量这个维度可以判定张三不合格，打分为0分，那么张三在这个任务的速度上也不合格，打分也为0分。

表2.10　培训经理技能水平的简易测量表

序号	典型工作任务	衡量标准	
		质量	速度
1	运营培训项目	0/1	0/1
2	设计与开发课程	0/1	0/1
3	分析工作任务	0/1	0/1
4	萃取技术知识	0/1	0/1
5	评估培训效果	0/1	0/1
6	设计培训项目	0/1	0/1

---

① 典型工作任务的排序有2种方法：第一种是按照难度排序，从最简单到最难；第二种是按照任务的执行顺序排序，例如培训经理的6个典型任务按照此方法的排序是分析工作任务、萃取技术知识、设计培训项目、设计与开发课程、运营培训项目、评估培训效果。

编制简易测量表的方法简单，分为3步。

（1）确定典型工作任务。可以由1～2名业务专家讨论确定，或者直接由业务领导确定。典型工作任务之间要相互独立，不包含不交叉，其选择需要遵循"难度大、重要性高、执行频率高"三原则[1]。具体的典型工作任务的分析方法可以参考学习路径图方法论"分析工作任务"模块的相关内容。

（2）选择衡量标准。分两种情况，一是对任务的执行速度有要求的岗位，可以选择质量和速度这2个维度；二是对任务的执行速度没有要求的岗位，可以只选择质量这1个维度。

（3）定义打分刻度。当选择质量和速度这2个维度时，采用定性判断的方法，例如不合格（0分）、合格（1分）。当只选择质量这一个维度时，可以采用定量判断的方法，刻度可以采用3分刻度、5分刻度或其他，例如表2.2"员工行为技能衡量标准"。另外，基于每个典型工作任务对岗位绩效的贡献程度，还可以针对典型工作任务设置权重，例如某个工程设备租赁公司的业务经理岗位的简易测量表中，员工执行典型任务的质量采用3分刻度，同时每个典型工作任务按照对岗位绩效的贡献程度定义了权重，提高了测量的精度（见表2.11）。在实际工作中，为了方便、快捷，通常会采用定性（0/1）、不分权重的方法。

---

① 典型工作任务甄选三原则：原则一，难度大指任务的流程复杂、知识含量高、新员工容易犯错；原则二，重要性高指任务满足当期绩效、满足长远发展，是基础性/前提性的；原则三，执行频率高指任务执行的次数多、持续的时间长、覆盖的范围广。每一个原则中满足定义中的任意一项及以上，即表示该任务难度大/重要性高/频率高。据此对所有任务在三原则基础上排序后，选出综合分最高的任务即为典型工作任务。

表2.11　简易测量表（案例）

序号	典型工作任务	衡量标准	
		质量	权重
1	拜访客户	1/2/3	15%
2	分析客户需求	1/2/3	25%
3	制订合作方案	1/2/3	20%
4	商务洽谈	1/2/3	15%
5	搜集竞品信息	1/2/3	15%
6	维护客户关系	1/2/3	10%

简易测量表的优点是易于制作，缺点是由于是极少部分专家识别和定义的，存在典型工作任务偏离实际事实的风险，以及衡量标准的客观性不足。同时，因为简易测量表的测量项的颗粒度比较大，也容易造成较大的评分者误差。

简易测量表适用于培训需求的初步诊断，由业务领导或专家对员工整体做技能水平的评价，而不是针对某个员工个体。在初步诊断后，得到员工集体的短板，再有针对性地对集体的短板做进一步的分析。

三、基于工作行为的精益测量表

基于工作行为的精益测量表是指以典型任务的工作行为（执行任务的动作）为测量项的技能水平测量表（表格结构见表2.12）。相比于简易测量，该表测量项的颗粒度更小，能更细致地衡量员工的技能水平；同时，在衡量标准的刻度定义上也更为客观。基于工作行为的精益测量的衡量标准见表2.2。

表2.12 基于工作行为的精益测量表(结构)

序号	典型工作任务	工作行为	衡量标准				
			1分	2分	3分	4分	5分
1							
2							
3							

编制基于工作行为的精益测量表需要4步,每一步如下。

(1)确定典型工作任务。与简易测量一样,本表的第一步也是确定典型任务,但是此处的确定典型任务,需要能代表本岗位业务最高水平的多位专家(专家数≥3人)通过专题会议的形式,集体商讨并确定。此时需要严格依照"穷尽、独立、衔接"的标准和"典型任务选择三原则"的方法论来执行整个过程。

(2)定义工作任务的输出。工作任务的输出是指解决一个问题或者执行一个任务,其应该得出的结果。定义任务的输出是为了给第三步的工作行为提供一个指引和界限,即工作行为是为了达成任务的输出,也只能是为了达成任务的输出。因此,工作行为不能缺失关键性的动作,但也不能过载不必要的动作。任务输出的要求见表1.11,方法论参照《学习路径图》。

(3)分解任务到工作行为。使用动宾原则将任务分解到执行流程,再从执行流程分解到员工的操作行为,达到新入岗员工都能看懂操作行为的颗粒度。

(4)确定衡量标准。衡量标准可以直接使用表2.2员工行为技能衡量标准,该衡量标准已经历经多年的成功实践。

例如上述某工程设备租赁公司的业务经理岗位基于工作行为的精益测量表（见表2.13）。

表2.13　基于工作行为的精益测量表（案例）

序号	典型工作任务	工作行为	衡量标准				
			1分	2分	3分	4分	5分
1	拜访客户	介绍公司及公司产品					
2		获取当地自然环境信息					
3	分析客户需求	归类资料					
4		评估资料质量					
5		解读图纸					
6		分析现场环境					
7		分析报价影响因素					
8		生成产品信息					
9	制订合作方案	提出技术需求					
10		组织技术方案会议					
11		解读技术方案					
12		理解方案材料清单					
13		阐述技术方案					
14		协商合作模式					
15	商务洽谈	展示方案					
16		答疑及引导，变更合作方案					
17	搜集竞商信息	收集竞争对手信息					
18		提出报价修订建议					
19	维护客户关系	分析客户特征、需求、喜好、过往维护痕迹、过往贡献					
20		编制客户维护策略/方案					

基于工作行为的精益测量表的信效度比简易测量表高，可以对员工个体开展精益测量，能更精准地定位员工的技能短板。有时，为了提高测量的信效度，减小评分误差，还会在该表上增加执行工作行为的"工具/方法"，以备评分者参考（见表2.14）。

表2.14　基于工作行为及其工具/方法的精益测量表（结构）

序号	典型工作任务	工作行为	工具/方法	衡量标准				
				1分	2分	3分	4分	5分
1								
2								
3								

例如上述某工程设备租赁公司的业务经理岗位在增加"工具/方法"结构后的案例表（见表2.15）。

表2.15　基于工作行为及其工具方法的精益测量表（案例）

序号	典型工作任务	工作行为	工具/方法	衡量标准				
				1分	2分	3分	4分	5分
1	拜访客户	介绍公司及公司产品	1. 公司介绍PPT模板 2. 常见客户拜访情况及策略					
2		获取当地自然环境信息	3. 自然环境信息表					

续表

序号	典型工作任务	工作行为	工具/方法	衡量标准				
				1分	2分	3分	4分	5分
3	分析客户需求	归类资料	4. 项目资料归档标准					
4		评估资料质量	5. 项目资料质量标准					
5		解读图纸	6. 图纸关键信息记录表					
6		分析现场环境	7. 自然环境信息表					
7		分析报价影响因素	8. 商务报价影响因素表					
8		生成产品信息	9. 项目产品需求统计表					

四、基于知识认知目标的精益测量表

基于知识认知目标的精益测量表是指以执行工作任务的知识为测量内容、知识的认知目标为测量目标的技能水平测量表（见表2.16）。相比于前2种测量表，该表能更大程度地减少测量误差。

表2.16　基于知识认知目标的精益测量表（结构）

序号	典型工作任务	工作行为	测量内容	测量目标	测试题型	考核权重
1		工作行为1	信息	记忆	是非题、单选题、多选题、填空题	30%
			概念	理解	是非题、单选题、多选题、填空题	
			原理原则	运用	问答题、论述题、案例分析、主题答辩	
			思维工具	运用	案例分析、主题答辩、情景模拟、实操考核	
			物理工具	运用	情景模拟、实操考核	
		工作行为2				

续表

序号	典型工作任务	工作行为	测量内容	测量目标	测试题型	考核权重
2						20%
3						20%
4						15%
5						15%

　　基于知识认知目标的精益测量，需要对典型工作任务做详尽的知识分析，然后基于知识的类型匹配对应的测量目标。这类测量需要遵循以下三大原则。

　　（1）符合测量的"五个一致性"原则。即测量与输出、工作行为、学习内容、学习目标的"五个一致性"。其中，测量的内容与工作行为和学习内容保持一致，测量的目标与工作行为和学习目标保持一致；

　　（2）测量内容全覆盖原则。测量的内容要覆盖典型任务所有的关键知识点。每一个任务的考核权重基于任务的重要性来设置，考核总权重达到100%；

　　（3）测量目标3∶7原则。针对记忆和理解级的测量目标，权重占比30%；针对运用级的测量目标，权重占比70%，即原理原则、工具方法运用级的考核占比要达到70%。关于记忆、理解、运用这3级测量目标的定义及示例见第一章第二节。

　　在制作测试卷时，容易犯的两个错误是：

　　（1）未做全面的知识分析，测试卷是由碎片化的知识点构成；

　　（2）未区分记忆、理解和运用这3级测量目标，测试卷由过多的记忆级别的试题构成。

如果使用存在这两点错误的测试卷进行测试，就会造成非常大的误差，无法测试出员工的真实水平。

本章总结

测量员工的技能，首先要厘清测量表的性质。测量员工技能胜任程度的这个目的，决定了员工的技能测量量表是标准参照测验、等距量表、总结性测验。

当需要快速识别整体员工的技能短板时，可以采用简易测量的主观评价法。当需要精确地测量整体员工的技能水平并识别技能缺项时，可以对员工进行抽样，然后对样本的每一位员工采用基于工作行为的精益测量，该测量也属于主观评价法。当员工完成某岗位的学习任务，需要测量员工是否符合岗位的胜任要求时，可以采用基于知识的认知目标的精益测量。这3类测量都是以岗位典型工作任务为基础的。

在制作员工技能测量量表时，就要提前植入信度、效度指标，以提高测试项 / 测试题的质量，变传统的"测试后信效度分析和反映"为"事前信效度干预和控制"，尽可能降低由测量工具造成的误差。提高测试工具信效度的基本原则是保证测量的"五个一致性"原则。

第三章

选择员工样本

本章你将学到的内容

◎ 评估样本代表性的两个方面。

◎ 确定样本量的方法。

◎ 四种概率抽样方法。

第一节　抽样及样本代表性

一、总体、样本和抽样

总体是包含所研究的全部对象的集合。例如，要分析某银行理财经理的技能水平，总体就是该银行分布在全国各省市分行的所有理财经理。组成总体的每一个对象称为**个体**，例如某银行分布在全国各省市分行的理财经理这个总体中，每一个银行理财经理就是个体。

样本是按照一定的规则从总体中抽取的一部分个体组成的集合。例如，从某银行分布在全国各省市分行的所有理财经理这个总体中，抽取100名银行理财经理，这100名银行理财经理的集合就是样本。组成样本的个体数量称为**样本量**，上例中100就是样本量。这个从总体中选出一定规模的样本的过程就称为**抽样**。

二、抽样的作用

抽样的目的是要得到某个岗位员工总体的技能特征值。那么，直接调研这个岗位的员工总体的技能数据就可以，为什么还要抽样呢？

当被调研的员工的总体规模在两位数以内时，直接调研员工总体是可行的，且这种直接调研员工总体的方式是可以获得员工总体的真实技能特征。当员工总体规模达到几百人、几千人甚至几万人时，调研员工总体是不可取的，这个时候就需要从总体中抽取一定规模的样本，通过调研样本员工的技能特征来推断总体员工的技能特征。这种通过调研员工样本来推断总体特征的方式叫抽样估计。

在员工技能数据调研中，抽样有三个作用。

（1）节省人力。调研员工技能需要组织业务部门中有专业水平的人员担任员工技能评审人，当被调研的员工数量越多，涉及的评审人也越多。抽样调查的员工样本只占员工总体的一小部分，因而在节省人力上特别突出。

（2）速度快。调研员工技能需要采集、汇总、预处理和分析数据，抽样调查所需要的工作量更小，因而可以更快地提供员工技能结果。

（3）有助于提高调查数据的质量。虽然员工样本只是员工总体的一小部分，用部分员工技能推断总体，存在着抽样误差，但这只是问题的一个方面。当员工总体规模大，参与的评审人多，由于评审人对员工技能评审标准的理解差异，以及数据的采集和整理过程中造成其他误差的可能性更大，更容易造成调查数据不准确。而抽样调查的员工样本数量少，需要的评审人少可以更深入地培训评审人员，并对评审过程做监督、检查，这样采集的数据质量更高，从而使得调查的总误差更小。

三、样本代表性

使用样本来推断总体特征，离不开的一个问题是：什么样的样本才算是一个好的样本？或者说，什么样的样本才具有代表性，以使样本特征能代表总体的特征？评估样本的代表性主要从两个方面来看：一是样本量，即要抽取多少数量的个体才有可能代表总体；二是抽样方法，即用什么抽样方法可以找出合适的样本。

（一）样本量

通过最基础的简单随机抽样方法的样本量确定原理，可知影响样本量的因素有3个：总体规模、抽样误差和总体方差。用公式表达样本量与三个影响因素的关系是：

$$\frac{1}{n} = \frac{1}{N} + \frac{V(\bar{y})}{S^2}$$

其中，n是样本量，N是总体规模，$V(\bar{y})$是抽样误差，S^2是总体方差。总体方差是总体的各个个体的数值与总体算术平均数离差平方和的平均数，反映总体的离散程度。

员工总体的技能值是一个确定的值，但是员工样本的技能值是一个随机变量。在随机原则下抽取出的样本不同，样本的技能值也不同。即便是相同的样本量n，对同一个总体根据同样的抽样方法取得的样本S_1、S_2、S_3，样本S_1、S_2、S_3的技能结果也会不同。

这种由于样本的随机性造成的样本估算值（由样本得出的计算结果）与总体真实值之间的差异就是**抽样误差**。抽样误差是客观存在的，只要采用抽样调查，抽样误差就不可避免。抽样误差虽然无法消除，但是可以计量并加以控制。控制抽样误差的方法是改变样本量。抽样误差与样本量的关系是，样本量越大，抽样误差越小，抽样误差与样本量的算术平方根大致成反比关系（见图3.1）。

由图3.1可以看出，抽样误差在开始时随着样本量的增大而显著减小，但当样本量达到一定程度后抽样误差趋于稳定。这也表明当样本量达到一定规模后，再用增大样本量的方式来减少抽样误差是不合算的。

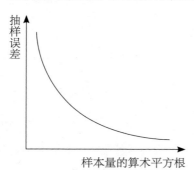

图3.1　抽样误差与样本量的算术平方根的关系图

由于总体的真实值不知，无法通过"总体真实值-样本估算值"来计算抽样误差。在统计学中，抽样误差用置信度 $1-\alpha$ 和绝对误差限度 d 来替代，因此，影响样本量的因素可以表示为四个：总体规模、置信度 $1-\alpha$、绝对误差限度和总体方差。用公式表达样本量与4个影响因素的关系是：

$$\frac{1}{n} = \frac{1}{N} + \frac{d^2}{z_{\alpha/2}^2 S^2}$$

其中，n 是样本量，N 是总体规模，d 是绝对误差限度，是指样本结果值与总体实际值之间的最大允许误差，用以表示样本估算的精度。绝对误差限度越低，样本估算的精度越高。

α 是显著性水平，表示结果犯错误的概率。当 $\alpha = 0.05$ 时，那么置信度 $1-\alpha = 0.95$，置信度表示结果有效的概率。当 $1-\alpha = 0.95$ 时，表示结果有效的概率为95%。$\alpha/2$ 表示正态分布两侧对称，是以标准差为单位进行了标准化的标准值，可以使用 z 值表对应 $1-\alpha$ 的值进行查询。

S^2 是总体方差。

从上述公式可以看出，4个影响因素对样本量的影响趋势为：

（1）总体规模 N 对样本量 n 的影响与总体规模 N 本身的大小有关。当 N 为小规模总体时，增加样本量 n，可以增加估算精度；当 N 为中等规模总体时，增加样本量 n，作用中等；当 N 为大规模总体时，增加样本量 n，作用很小。在置信度 $1-\alpha = 95\%$，绝对误差限度 $d = 0.05$，总体方差 $S^2 = 0.25$ 时，所需要的样本量 n 随总体规模 N 变化（见表3.1）；

（2）置信度 $1-\alpha$ 越高，所需要的样本量 n 越大；

（3）绝对误差限度越小，所需要的样本量 n 越大；

（4）总体方差增大时，为达到规定

表3.1　样本量 n 随总体规模 N 的变化

总体规模 N	样本量 n
50	44
100	79
500	217
1000	278
5000	357
10000	370
100000	383
1000000	384
10000000	384

的估计精度，所需要的样本量n要增加。

我们在确定员工样本量时，不用做上述复杂的计算。聪明的统计学家们针对不同规模的总体，计算出相应的样本量。例如在置信度$1-\alpha=95\%$，绝对误差限度$d=0.05$，总体方差$S^2=0.25$时，不同规模总体下的样本量如下（见表3.2）。

表3.2　不同规模总体N下的样本量n

总体规模	样本量	总体规模	样本量	总体规模	样本量
10	9	230	144	1400	301
15	14	240	147	1500	305
20	19	250	151	1600	309
25	23	260	155	1700	313
30	27	270	158	1800	316
35	32	280	162	1900	319
40	36	290	165	2000	322
45	40	300	168	2200	327
50	44	320	174	2400	331
55	48	340	180	2600	334
60	52	360	186	2800	337
65	55	380	191	3000	340
70	59	400	196	3500	346
75	62	420	200	4000	350
80	66	440	205	4500	354
85	69	460	209	5000	356
90	73	480	213	6000	361
95	76	500	217	7000	364
100	79	550	226	8000	366
110	85	600	234	9000	368
120	91	650	241	1000	369
130	97	700	248	15000	374
140	102	750	254	20000	376
150	108	800	259	30000	379
160	113	850	264	40000	380
170	118	900	269	50000	381
180	122	950	273	60000	381
190	127	1000	277	70000	382
200	131	1100	284	120000	382
210	136	1200	291	160000	383
220	140	1300	296	1000000	383

在实际调查中，由于还受到调查人力的限制、时效的要求及可能的费用支出，因此，可以适当降低估算精度，减少样本量。按照中心极值定理，当样本量取值大于30时，样本估算值就近似服从正态分布，满足通过样本推断总体的假设条件。

（二）抽样方法

按照个体被抽中为样本的概率，可以把抽样方法分为概率抽样和不等概率抽样。

概率抽样是指总体中的每一个个体都有一个事先已知的非零概率被抽中的抽样方式。概率抽样以概率理论和随机原则为依据的，符合大数定律，而且能计算和控制抽样误差。

不等概率抽样是一种为提高抽样效率，使总体的每个个体被抽到的概率不相等的抽样方式。不等概率抽样依靠主观判断或便利性，容易因为主观判断偏差造成严重误差。

常用的4种员工技能调查的概率抽样方法分别是：简单随机抽样、系统抽样、分层随机抽样、整群抽样。

第二节　简单随机抽样

一、定义及适用场景

简单随机抽样是指从含有 N 名员工的总体中，随机抽取 n 名员工作为样本，使得每一个样本量为 n 的样本都有相同的概率被抽中的抽样方法。例如，在总体为 10 个人的员工中，随机抽取 3 人作为样本，我们把总体的 10 名员工分别编号为 1、2、3、4、5…10，那么在样本量为 3 的要求下被抽中的样本可能是员工 1、2、3，也可能是员工 4、5、6，也可能是员工 1、2、4 等，这些可能的样本被抽中的机会是相同的。在员工技能调研中，通常采用简单随机抽样中的不重复抽样法。**不重复抽样法**是一名员工被抽中后不放回员工总体中，然后再从剩下的员工中抽取第二名员工，直至抽取出 n 名员工为止的简单随机抽样方法。

简单随机抽样是最基本的抽样方法。简单随机抽样的样本具有以下两个性质。

（1）简单随机抽样下，样本是从员工总体中随机产生的，总体中员工的不同组合产生了不同的样本，每个样本被抽中的概率相等。对于不重复抽样，所有可能的样本有 C_N^n 种，每一个样本被抽中的概率都为 $\dfrac{1}{C_N^n}$。例如，在总体为 10 个人的员工中，随机抽取 3 人作为样本，对于不重复抽样，所有可能的样本有 $C_N^n=120$ 种，这 120 种样本中的每一个样本被抽中的概率都是 $\dfrac{1}{120}$。

（2）简单随机抽样下，总体中各个员工被抽中的概率相等。对于不重复抽样，每一名员工被抽中的概率都是 $\frac{n}{N}$ 。例如，在总体为 10 个人的员工中，随机抽取 3 人作为样本，对于不重复抽样，这 10 名员工的每一名员工被抽中的概率都是 $\frac{3}{10}$ 。

简单随机抽样方法有以下优缺点。

优点：简单随机抽样简单、易于理解，是其他随机抽样的基础。

缺点：（1）当总体员工数量过多时，例如当员工数量多于 500 名时，对总体中各个员工进行编号会比较耗时。

（2）当总体中各个员工区域较为分散时，或者员工分布在多个工作子单位时，例如某城商行 400 名小微贷客户经理分布在 13 家支行中，使用简单随机抽样在组织人力上会比较困难。

（3）当总体中各个员工的技能值差异较大时，例如有的员工技能水平 99 分，有的员工技能水平 20 分，简单随机抽样的样本的代表性会比分层抽样的代表性小（分层抽样在第三节中详述）。

因此，简单随机抽样方法适用于总体容量不大（建议 300 名员工以内）、员工区域或子单位分布较为集中的总体。

二、抽样实施方法

简单随机抽样通常的实施方法有 2 种：抽签法、随机数字法。

1. 抽签法

第一步，编号。给员工总体中 N 名员工从 1 到 N 编号，每位员工对应一个号码。

第二步，制签。制作 N 个同质的签，把 N 个号码分别写在 N 个签上，并把签混合均匀。

第三步，选样。从混合均匀的签中抽取n个签。N个签上号码对应的员工就是样本。

抽签法实施起来比较麻烦，尤其当员工总体比较大时，编号制签的工作量比较大，而且签的混匀也比较困难，因此该方法适合员工总体小、没有其他辅助工具的条件下使用。

2．随机数字法：随机数表

随机数字法中的随机数字可以应用随机数表，也可以借助计算机的统计软件产生。随机数表是由随机生成的从0到9这十个数字所组成的数表，表中每个数字出现的顺序是随机的，出现的次数大致相同，每个位置上出现哪一个数字是等概率的。例如随机数表的部分（见表3.3），为了查看方便，一个位置上放置了2列的数字，例如，表中左上角"03"，其中数字"0"处于第一列，数字"3"处于第二列。

使用随机数表抽取样本的具体做法如下：

第一步，编号。给员工总体中N名员工从1到N编号，每位员工对应一个号码。编号时注意每个号码的位数与员工总体容量的位数一致，即员工总体在1～99的，编号位数取2位数，编号为01、02、03…99；员工总体在1～999的，编号位数取3位数，编号是001、002、003…999。例如，给总体容量为80的员工编号，号码分别是01、02、03…78、79、80。

第二步，确定抽样起点和顺序。在随机数表中任选一个数作为抽样起点，抽样顺序可以从上、下、左、右任意一个方向。例如，在上述总体为80人的员工中，选取10个样本，我在随机数表（见表3.3）中随机选择了第一行第五列的数字4作为抽样起点，抽样顺序是从左往右。

表3.3　随机数表（部分）

03	47	43	73	86	36	96	47	36	61	46	99	69	81	62
97	74	24	67	62	42	81	14	57	20	42	53	32	37	32
16	76	02	27	66	56	50	26	71	07	32	90	79	78	53
12	56	85	99	26	96	96	68	27	31	05	03	72	93	15
55	59	56	35	64	38	54	82	46	22	31	62	43	09	90
16	22	77	94	39	49	54	43	54	82	17	37	93	23	78
84	42	17	53	31	57	24	55	06	88	77	04	74	47	67
63	01	63	78	59	16	95	55	67	19	98	10	50	71	75
33	21	12	34	29	78	64	56	07	82	52	42	07	44	28
57	60	86	32	44	09	47	27	96	54	49	17	46	09	62
18	18	07	92	46	44	17	16	58	09	79	83	86	19	62
26	62	38	97	75	84	16	07	44	99	83	11	46	32	24
23	42	40	54	74	82	97	77	77	81	07	45	32	14	08
62	36	28	19	95	50	92	26	11	97	00	56	76	31	38
37	85	94	35	12	83	39	50	08	30	42	34	07	96	88
70	29	17	12	13	40	33	20	38	26	13	89	51	03	74
56	62	18	37	35	96	83	50	87	75	97	12	25	93	47
99	49	57	22	77	88	42	95	45	72	16	64	36	16	00
16	08	15	04	72	33	27	14	34	09	45	59	34	68	49
31	16	93	32	43	50	27	89	87	19	20	15	37	00	49

　　第三步，选样。从抽样起点开始，从左往右抽样，直至抽足样本量。抽样时有2种情况的数字要删除，一是大于总体容量的数字，二是重复的数字。例如，对上述总体为80人的员工抽样，按照选择的抽样起点和顺序，可以得到43、73、36、47、61、46、69、62、97、74、24这10个样本。

其中86、96、99、81大于总体规模，第二个36与前面被抽中的36重复，因此这5个数字被删除。

相较于抽签法，随机数表法简单易行，它很好地解决了当总体中的个体较多时，用抽签法制签难和搅拌不均匀的问题。

除了使用随机数字表，EXCEL、SPSS等计算机各类软件也有基于随机数字表规则的抽样功能，可以帮助快速生成简单随机抽样的样本。

第三节　系统抽样

一、定义及适用场景

系统抽样是指先将总体的所有个体按照某种规则排序，然后随机确定一个个体作为抽样起点，再每隔一定间隔抽取出一个个体组成样本的抽样方法。例如，从某快消品公司的5000名销售中调研样本360人，先按照工号把这5000名销售排序，然后随机选择排序序号为3的员工作为抽样起点，再每隔13名员工抽取出个体，排序序号是16、29、42、55、68…由抽取出的这些个体组成样本。（抽样的间隔计算方法见本节抽样实施方法第二步）

系统抽样的优点主要表现在两个方面。

（1）简单易行。简单随机抽样要对总体编号，并采用随机数字表逐个识别出样本个体，当样本量很大时，这样的操作过程比较麻烦；而系统抽样只需要确定总体的排序、抽样的间隔和抽样的起点，就可以确定出整个样本。系统抽样中总体的排序可以是自然顺序、人为顺序，抽样间隔和抽样起点的确定都非常方便。

（2）提高估算精度。系统抽样的样本在总体中的分布比较均匀，当总体是按照与调查内容无关的维度排列时，系统抽样与简单随机抽样的估算精度相仿；当总体是按照与调查内容有关的维度排列时，此时样本的代表性提高，抽样误差降低，系统抽样的估算精度高于简单随机抽样。

系统抽样因其简单易行的特点，在实际工作中常用来替代简单随机抽样，尤其是当员工总体规模大时，系统抽样更适用。

二、抽样实施方法

对员工进行系统抽样的具体实施过程分为4步，如下：

第一步，排序。系统抽样的排序可以分为2种，一是总体的每个个体的排列顺序与调查内容无关，即按照不相关维度排列。例如按照员工工号、姓氏音序排列，员工技能与员工工号、姓氏音序无关，这种排列下的系统抽样叫无序系统抽样，抽样方式类似于简单随机抽样。各个个体是按照与调查内容有关的维度进行顺序排列的。例如按照员工的从业时间或员工绩效排列，员工技能与从业时间、员工绩效是相关的，这种排列下的系统抽样叫有序系统抽样，实质是运用了分类抽样的一些特点。有序系统抽样可以使抽样的样本更具有代表性，减少抽样误差，提高样本对总体的估计精度。

第二步，计算间隔。总体的个体数为N，样本量为n，以k表示间隔，则间隔的计算公式是：

（1）当N是n的整数倍时，$k = \dfrac{N}{n}$；

（2）当N不是n的整数倍时，k一般取不大于但最接近于$\dfrac{N}{n}$的一个整数。

第三步，确定抽样起点。针对无序系统抽样，可以从第一个间隔内的任意一个个体开始；针对有序系统抽样，基于样本的代表性，一般是从第一个间隔内居中的个体开始抽样。

第四步，抽样。从抽样起点开始，每间隔k个单位，抽取出一个个体，直至抽满n的个体，组成样本。例如以r表示抽样起点，然后每间隔k个单位，抽取出个体r、$r+k$、$r+2k \cdots r+（n-1）k$，组成样本（见图3.2）。

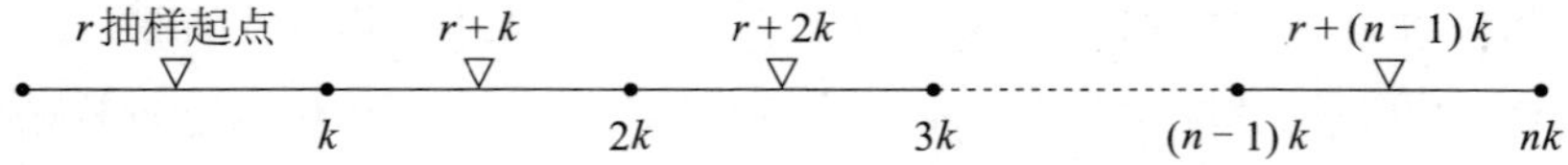

图3.2　系统抽样过程

第四节　分层随机抽样

一、定义及适用场景

　　分层抽样是指先将总体的所有个体按照某种特征分为互不交叉、互不重叠的若干层，然后再从每一层内进行抽样，组成一个样本的抽样方法。

　　分层随机抽样是指每一层抽样都是独立的简单随机抽样的分层抽样方法。例如，某快消品公司有5000名销售，按照从业年限把这5000名销售分成3个层，第一层是从业时间在1年以下，第二层是1～3年的，第三层是3年以上的，然后分别在这3层中使用简单随机抽样生成样本。由分层随机抽样得到的样本是分层随机样本。

　　分层随机抽样有三个必要条件：（1）每层都抽样；（2）各层独立抽样；（3）各层的抽样都是简单随机抽样。

　　分层抽样方法有以下显著优点。

　　（1）分层抽样既可以推算员工总体的技能特征，也可以推算各层员工的技能特征。例如，上述某快消品公司5000名销售采用分层抽样后，既可以推算出这5000名销售总体的技能特征，也可以推算出从业时间1年以下、1～3年、3年以上这3层员工各自层的员工的技能特征。

　　（2）与简单随机抽样的样本相比，分层抽样的样本来自各层，样本在总体中的分布更为均匀，从而使样本的结构与总体的结构相符程度更高，样本的代表性更高，估算精度也更高。分层抽样可以很好地避免样本结构与总体结构严重失真的情况发生。

（3）对于区域分布广的岗位，分层抽样的组织和实施比较方便。例如，某公司300名国际客户经理分布在欧洲、亚洲、非洲，这时采用自然区域的划分维度，把300名员工总体分成欧洲、亚洲、非洲3层，再在3个层内组织抽样。通常，分层抽样也采用行政管理区域进行组织与实行。

分层抽样适用于员工总体规模大、员工区域跨度大、员工总体的技能有明显差异的场景。当员工总体的技能分布均匀、差异不大时，分层就失去意义。例如，某公司针对200名分布在长三角的销售代表的技能调查数据，该公司培训管理员根据区域将员工分成上海、浙江、江苏这3层，然后分别从3层中抽取了15个样本，结果显示，这3地员工的技能差异不大，即前面的分层是不必要的（见图3.3）。因此，在选择抽样方法前，培训人员先要大致了解员工的技能水平差异情况。当业务领导表明员工技能存在较大差异时，可以选择分层抽样。

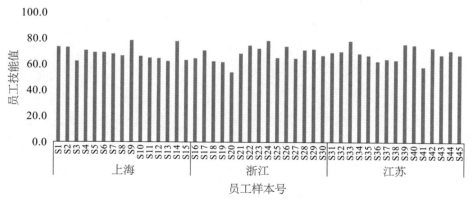

图3.3　某公司员工技能分层抽样结果

二、抽样实施方法

对员工进行分层随机抽样的具体实施过程分为5步。

第一步，确定分层的标志。分层的标志指的是层的划分维度，比如年龄、职级、性别。分层随机抽样首先是根据抽样的目的需要，确定分层的标志。

常见的员工技能抽样目的有3种。

（1）方便抽样的组织管理。这种目的下可以按照公司既有的区域划分或者公司的组织结构来分层。例如，某公司在全国有13个经营单元，在分析公司HRBP的技能水平时就可以按照现有的13个经营单元来分层。

（2）比较子单位的员工的技能差异。有时，公司除了要分析总体的特征，还想对比不同子单位的员工技能状况，这时，就按照公司的组织结构分层。

（3）了解不同类型的子总体的情况。这种目的下按照类型特征开展分层。企业通常使用的分层维度有：业务领导想了解不同职级的员工的岗位胜任率情况，采用职级作为分层维度；人力资源想获知不同教育水平的员工的成长情况，采用学历作为分层维度；培训中心研究员工的成长规律，采用从业时间作为分层维度，也可以采用学习资源作为分层维度。

第二步，分层。除了按照公司既有的区域划分或者公司的组织结构来分层，涉及按照类型特征开展分层的，需要确定分层的层数，再根据层数实施分层。

确定层数的原则是：要保证每个层有样本，因此层数不能超过样本量；如果要达到样本方差的无偏估计，那么层数不能超过样本量的一半数量 $\left(\dfrac{n}{2}\right)$。相较于简单随机抽样，分层抽样可以提高估算精度。据研究，当层数增加到一定程度时，在估算精度上的收益非常小，因此一般在分层抽样时，以不超过6层为宜。

在确定层数后，根据层数实施分层。分层遵循层间差异大、层内差异小的原则。例如，某证券公司想研究从业时间对投资顾问成长的影响情况，他们根据经验把投资顾问的从业时间分为1年以下、1～2年、2～3年、3～5年、5～8年、8年以上共计6个层间差异大的层级（见表3.4）。

表3.4　某证券公司投资顾问按照从业年限分层

层数	员工从业年限
1	1年以下
2	1～2年
3	2～3年
4	3～5年
5	5～8年
6	8年以上

第三步，确定各层样本量。分层完成后，接下来是把总体的样本量n合理地分配到各层。样本量在各层的分配方法有等额分配、比例分配、最优分配、内曼分配等。在分层随机抽样中，样本量在各层中的不同分配方式会对样本估计值的精度产生影响。在员工技能抽样中，比较适用的是比例分配。

比例分配是指各层样本量与各层子总体容量之比等于总体样本量与总体容量之比的样本量分配方法。以下标1、2⋯k表示层数，则比例分配的数学公式如下：

$$\frac{n_1}{N_1} = \frac{n_2}{N_2} = \cdots = \frac{n_k}{N_k} = \frac{n}{N}$$

其中，n_1、n_2⋯n_k是每一层的样本量，N_1、N_2⋯N_k是每一层的层子总体容量，n是总体样本量，N是总体容量。

根据比例分配的公式可知，各层的样本量为：

$$n_i = \frac{nN_i}{N} \ (i=1、2\cdots k)$$

以某证券公司2400名投资顾问的分层抽样为例（见表3.5），其中，第一列是6个层数，第二列是每一层员工的从业年限，第三列是每一层员工的数量。现在该证券公司要从2400名投资顾问中抽取样本300人，现在要求取各层的样本量。

表3.5　某证券公司投资顾问按照从业年限分层抽样

层数	员工从业年限	员工数量	样本量
1	1年以下	400	
2	1～2年	300	
3	2～3年	280	
4	3～5年	500	
5	5～8年	600	
6	8年以上	220	

按照比例分配法各层样本量的计算公式，得出第一层投资顾问要抽取的样本量是：

$$n_1 = \frac{nN_1}{N} = \frac{300 \times 400}{2400} = 50$$

同理，2～6层投资顾问要抽取的样本量分别是38、35、63、75、28（见表3.6）。注意2、4、6层通过公式计算后有小数点，分别是37.5、62.5、27.5，此种带有小数点的情况在确定样本量时取大于且最接近于小数的整数，而不是使用四舍五入法。

表3.6　某证券公司投资顾问按照从业年限分层抽样

层数	员工从业年限	员工数量	样本量
1	1年以下	400	50

续表

层数	员工从业年限	员工数量	样本量
2	1～2年	300	38
3	2～3年	280	35
4	3～5年	500	63
5	5～8年	600	75
6	8年以上	220	28

第四步，各层随机抽样。在各层中按照简单随机抽样的方法完成抽样。

第五步，综合，生成样本。把各层综合起来，生成总体的样本。

第五节　整群抽样

一、定义及适用场景

整群抽样是将总体划分成若干群，然后以群作为抽样单位，从中随机抽取一部分群，再对抽中的各个群中所有个体进行调查的一种抽样方法。

例如某银行省分行准备分析本省内客户经理的技能状态，该省分行共有5000名客户经理、100家支行，每一家支行的客户经理数量大致在50人左右，现在计划抽取360人作为样本。抽样的方法有3种（见图3.4），方案1是根据这5000名客户经理的工号，采用简单随机抽样或者系统抽样抽取360名客户经理；方案2是找到这100家支行的上一级组织架构二级分行，然后以二级分行为单位实施分层随机抽样；方案3是从100家支行中随机抽取8家支行，然后取这8家支行的所有客户经理为样本。

上述第三种方案就是整群抽样。整群抽样也是员工技能调研常用的抽样方法。整群抽样与简单随机抽样、分层随机抽样的区别是，后二者是以员工个体作为抽样单位，而整群抽样是以员工个体组成的群为抽样单位。整群抽样与分层随机抽样的不同之处还在于，分层抽样关注的是降低抽样误差，提高估算精度，而整群抽样旨在降低人力物力费用，便于快速组织实施。

通常情况下，相较于简单随机抽样和分层随机抽样，整群抽样的一个主要不足之处是其抽样误差比较大。因为不同的员工群之间存在差

异，当这个员工群之间的差异比较大时，整群抽样得到的样本的代表性
就比较低。因此，一般情况下，样本量相同时，3种抽样方法的样本对总
体的估算精度的排序是：分层随机抽样＞简单随机抽样＞整群抽样。当
各个群的员工结构相似时，整群抽样的样本对总体的估计会具有较高的
精度。

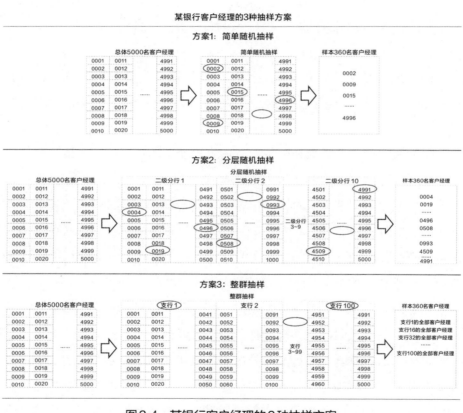

图3.4　某银行客户经理的3种抽样方案

在实际的工作中，对于全国性、全球性分布的大规模员工总体，当估
算精度要求不严格时，整群抽样有着简单随机抽样和分层随机抽样不可
拟的优势。

整群抽样有以下优点：

（1）简化抽样程序。整群抽样不需要总体员工的名单，只需要有群的名单就可以进行抽样，这就很大程度地简化了抽样程序。有时，我们可以很方便地得到群的清单，但较难得到每个员工的清单，此时采用整群抽样就非常容易组织实施。

（2）方便开展数据收集过程。群里的员工集中，对样本进行数据调查和采集比较方便，节约数据采集的时间和费用。尤其是对于全国性、全球性分布的员工总体，整群抽样非常便于实施。

二、抽样实施方法

对员工进行整群抽样的具体实施过程分为4步。

第一步，确定分群的标志。分群的标志指的是群的划分维度，企业一般按照组织架构或地域划分群体。例如，银行以二级分行或者支行为群单位，区域性销售公司以片区为群单位。

实际业务中，因为地域经济的不平衡、资源投入的不同、业务形态的差异，公司内同级别的不同组织之间存在较大差异，此时，应该先分层，再分群。例如，某软件公司的2000名架构师分属在6个不同的业务领域，可以先将2000名架构师总体分层到6个业务领域，再以每个业务领域中的业务小组为单位分群。

从上述例子可以看出，群的划分原则是：群之间的差异要尽可能小。这与分层抽样中的分层原则刚好相反，在分层抽样中，层的划分原则是：层之间的差异要尽可能大。

第二步，分群。按照群的划分维度，把总体分成若干个互不重叠、互不交叉的群。

　　第三步，确定抽样的群的数量。完成分群后，总体群数就确定了，此时把总体群数当作总体，按照样本量确定方法，从总体群数中确定需要抽取的样本群数。

　　第四步，抽样，生成样本。以群为单位，采用简单随机抽样或者系统抽样方法，抽取群，取被抽中群的所有个体，生成样本。

本章总结

　　为了调研规模性员工总体的技能特征，我们可以从总体中抽取一部分有代表性的样本，通过样本的结果估算总体的数据。

　　有代表性的样本需要满足两个条件：一是样本量要达到样本对总体的估算精度的要求，二是抽样方法要能找出对的样本。

　　样本量受4个因素的影响：总体规模、置信度$1-\alpha$、绝对误差限度和总体方差。其中：

　　（1）总体规模N对样本量n的影响与总体规模N本身的大小有关；

　　（2）置信度$1-\alpha$越高，所需要的样本量n越大；

　　（3）绝对误差限度越小，所需要的样本量n越大；

　　（4）总体方差增大时，为达到规定的估计精度，所需要的样本量n要增加。

　　常用的概率抽样方法有4种：分别是简单随机抽样、系统抽样、分层随机抽样、整群抽样。4种抽样方法有各自的特点和适用场景（见表3.7）。

表3.7　4种抽样方法的特点和适用场景

抽样方法	特点	适用场景
简单随机抽样	简单、易于理解，是其他随机抽样的基础	总体规模不大、员工区域或子单位分布较为集中
系统抽样	抽样的操作过程简单易行	在实际工作中常用来替代简单随机抽样
分层随机抽样	样本的结构与总体的结构相符程度高，样本对总体的估算精度高；既可以推算员工总体的技能特征，也可以推算各层员工的技能特征	总体规模大、员工区域跨度大、员工总体的技能有明显差异
整群抽样	以群作为抽样单位，简化抽样程序，方便收集数据	全国性、全球性分布的大规模员工总体，且各区域的员工结构和技能相似

第四章

收集和预处理数据

本章你将学到的内容

◎ 培训效果评估需要收集的7类数据及其收集要求、收集方法。

◎ 数据清洗5步骤。

◎ 数据预处理要求。

第一节 收集数据

一、数据类型

　　培训效果评估研究的是员工的技能胜任程度、绩效与技能的关系、员工技能胜任的加速度这三大纬度，这决定了需要收集的数据类型主要是员工的技能水平、员工的绩效值和员工的从业时间这三类。当然，有时我们还想研究不同职级员工的技能差异、受教育水平与员工技能的关系、性别是否在某些岗位上产生技能差异等问题，或者除了技能，其他能力类型（员工的品质和体能）与绩效的关系，那么这些也是我们需要收集的数据。根据重要程度，我们把要收集的数据分为2类，核心数据和非核心数据（见表4.1）。而且，在收集数据前要厘清数据的测量尺度。

表4.1　培训效果评估需要收集的数据

重要程度	数据类型	测量尺度	数据的研究目的
核心数据	技能	定距	员工的技能胜任程度
	绩效	定距/定序	绩效与技能的关系
	从业时间[①]	定比	员工技能与从业时间的规律
非核心数据	职级	定序	不同职级员工的技能差异
	学历	定序	受教育水平与员工技能的关系
	性别	定类	某些岗位不同性别员工的技能差异
	品质[②]	定距	绩效与品质的关系

[①] 从业时间：从事本岗位或本专业的总计时间。从业时间≠工作年限。例如，张三在业务口工作3年，后来转岗做培训2年，那么他做培训的从业时间是2年，而不能记录为5年。
[②] 品质：员工的自由意志和态度倾向，具体含义见第一章第二节。

以上7类数据中，技能、从业时间、职级、学历、性别、品质这6类数据都无法再二次分类，直接收集对应测量尺度的数据即可使用。而绩效还可以二次分类为很多种，那么究竟采用什么绩效指标呢？

例如，罗伯特·卡普兰和大卫·诺顿发明的业绩衡量系统"平衡计分卡"将指标分为财务层面的指标、客户层面的指标、内部流程层面的指标、学习与成长层面的指标。其中，财务层面的指标由多个团队相互协调配合多个活动才能达成，如产品的销售合同金额、客户份额、行业成本、销售效率、毛利等。客户层面和内部流程层面的某些指标也需要多个团队协调配合才能达成，如"客户满意度"、生产型企业的"产品销量"。这一类指标的责任无法由某一个具体的团队来完全承担，因此不适合被当作培训效果评估中的绩效指标。某岗位选取用于建立绩效与技能关系模型的绩效指标，应是完全或绝大部分由该岗位负责，且能追溯至员工个体的指标。例如，软件工程师单位时间内开发的合格的功能模块数量、服装拓店经理对线下新店销售额的预估准确率、采购经理的采购成本波动率、产品经理的新品贡献率、快消品或贸易型企业销售员的销量、各事业部或业务经营单元培训经理对本事业部的员工成长周期的加速度等。这些指标的特点是：（1）本岗位的关键绩效指标与企业战略或业务增长有关联；（2）完全或绝大部分由本岗位负责；（3）能追溯至员工个体。

由多个团队相互协调配合多个活动才能达成的绩效，在分析其与某个岗位的员工技能的相关性时，可能的结果是弱相关或不相关，导致无法正确地分析和判断员工技能对绩效的贡献。例如，由于某家加工设备公司与客户签订设备的合同是由销售团队、工程师技术团队、设备现场施工团队等多个团队协同完成的，当将该团队绩效数据与工程师单个岗位的员工技能建立关系图时，出现了低技能员工也有高绩效、高技能员工不一定有高绩效的分析结果（见图4.1）。

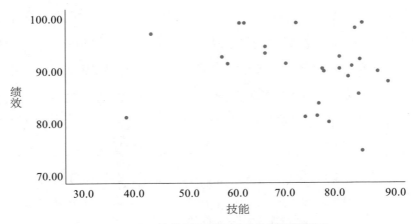

图4.1　员工技能与多团队达成的绩效散点图

二、数据收集原则

收集的数据要符合"全、真、精、新"的原则。不符合该原则的数据会存在较大的误差，这个误差就是由测量过程造成的，误差的来源见图2.4。那么，何为"全、真、精、新"？

全是指数据要全面、无遗漏。例1，如果要收集30名业务经理在20项工作行为上的技能，我们不能针对员工A只收集19项工作行为上的技能数据，针对员工B只收集16项工作行为上的技能数据，这叫作数据不全面、有遗漏。例2，如果要收集前述30名业务经理全年的绩效，我们也不能针对员工A只收集10个月的绩效，针对员工B只收集11个月的绩效，这也是数据不全面、有遗漏。

真是指数据要真实、无伪造。例如，要收集30名业务经理的从业时间，但要逐个核对这30个人的岗位从业时间太烦琐了，培训经理就根据道听途说的员工工作时间大概地填写了几个数字，这叫作数据不真实，是虚假的。

精是指数据的颗粒度要精细、不粗陋。例如，要收集30名业务经理的从业时间，时间单位用"月"就比用"年"更精确。绩效要注明定义、计算公式和计算口径。

新是指数据要在时效期内、不过时。例如，要收集30名业务经理的绩效，我们不能用去年的绩效数据，因为技能数据是当下的。用去年的绩效数据来建立与当下技能的关系，显然这个绩效数据是过时的。

根据数据的全、真、精、新原则，可以具体化上述7种数据的收集要求（见表4.2）。

表4.2　培训效果评估7种数据的收集要求

测量尺度	数据类型	数据的收集要求
定比	从业时间	时间精确到以"月"为单位
定距	技能	精确到小数点后至少1位。取最新时效的数据。如最近半年或一年的绩效、最近三个月或半年表现出的技能水平。
	绩效	针对样本中的每一个个体，某一类数据取值的起止时间一致。例如，30名业务经理的绩效取值时间范围都是2023年7月1日起、2023年12月31日止。
	品质	绩效数据的定义、计算公式和计算口径要一致，且标注在数据收集表中。
定序	绩效	收集对应数据分级的最小单元。例如，绩效分为A、B、C三级，收集的定序绩效就要具体到这三个级别。学历具体到博士、硕士、本科、大专、高中等。
	职级	
	学历	
定类	性别	具体到"男"或"女"。

三、数据的来源和收集方法

数据的来源主要有两个：间接来源和直接来源。间接来源是指数据由别人搜集过，使用者只需找到数据就可以加以使用；直接来源是指数据需要使用者自己调查才能获得。上述7种数据中，技能、品质这2类数据可以由培训管理员组织评分专家获取，或由培训管理员组织员工测评获取；绩效数据可以从绩效管理部门获得；职级、学历、性别这3类数据可以从人才发展部门获得；从业时间这个数据虽然能从人才发展部门获得员工的入司时间，但员工入司时间并不等同于员工的岗位从业时间，因此，从业时间由培训管理员直接向员工收集（见表4.3）。

表4.3　培训效果评估7种数据的收集来源

数据类型	数据来源	间接来源 / 直接来源
技能	培训管理员组织评分专家获取	直接
品质	培训管理员组织员工测评获取	
绩效	绩效管理部门	间接
职级	人才发展部门	
学历		
性别		
从业时间	员工	直接

针对间接来源的绩效、职级、学历、性别这4类数据，在说明数据的使用目的、数据的类型及收集要求后，可以直接从相关部门获取，且收集一次即可。

针对直接来源的技能、品质、从业时间这3类数据，下面分别说明其数据收集方法和收集频次。

在哲学的视角下，人类收集信息的过程叫作"感知"。感：感觉，例如，眼睛感觉到光线、鼻子感觉到气味、耳朵感觉到声音、舌头感觉到味道、皮肤感觉到温度和各种力。知：知觉，即认知，例如，大脑接收到明媚的光线、醉人的花香、清脆的鸟鸣、轻拂的微风，综合这些感觉后认知到春天来了。

按照感知的对象，分为对外物体和环境的感知、对内肌体和自身意识的感知两类。

针对对外物体和环境、对内肌体和自身意识的感知，按照感知的不同主体，将人类感知信息的来源分为个体感知、传感器感知和群智感知三大类。**个体感知**是指人类使用眼、耳、鼻、舌、皮肤这些感觉器官感知信息的方式。由于人类感觉器官在接收信号上的局限性，科学家、工程师们发明了各种应用场景的感知设备，以帮助人类更为全面和精确地捕获信息，如显微镜、望远镜、温度计、湿度计、摄像头、医学核磁和CT影像设备、声呐、水下机器人、雷达、卫星等。由此，我们可知，**传感器感知**是指人类使用感知设备感知信息的方式。随着物联网、云计算、大数据和人工智能的发展，人类从少数人参与的个人感知和专业人士使用传感器设备感知发展到由广大群体参与的群智感知。**群智感知**是指人类使用移动智能终端和大数据技术极大量地感知信息的方式。

在培训评估领域，目前信息的来源主要还是个体感知。个体感知分为6种方法：访谈法、问卷法、观察法、文献法、实验法、专题讨论法。它们的含义如下。

1. 访谈法

访谈法是按照问题的研究目的，结构化或非结构化地与被调查对象交谈以收集信息的方法。如领导下基层视察工作时与员工代表交谈；培训管理员在澄清培训需求时，打电话向业务专家询问解决某个业务问题需要员工执行什么工作任务和行为。

访谈法按照是否到现场，又具体分为面访式、电话式。**面访式**是指调查人到现场与被调查人面对面地交谈的访谈形式。**电话式**是指调查人不到现场，而是通过打电话、语音、视频等方式与被调查人交谈的访谈形式。面访式的优点是调查人与被调查人面对面，可以直接观察被调查人的情况进而激发被调查人的参与意愿，及时澄清问题，鉴别被调查人的回答情况并予以追问，因此，面访式收集的数据在质量上会比较好，更符合"全、真、精、新"原则；面访式的缺点是耗时长、成本高。电话式的优点是速度快，能够在很短的时间内完成，适合样本非常分散的情况；不足是由于人们不愿意通过电话进行冗长的交谈，因此电话式的时间不能太长，这可能会使得调查不充分。

2．问卷法

问卷法是按照研究目的制作一份由一个或多个问题构成的纸质版或电子版调查表，然后让被调查对象自填调查表的收集信息的方法。该方法在实施时，由于调查人没有与被调查对象接触，无法及时澄清被调查对象可能的疑问或误解。因此，问卷法适合封闭式类的问题调研，且对问卷的使用目的和每一个问题的描述均要无错误、无歧义，必要时可以在问卷中提供调查人的联系电话，以便被调查对象在遇到疑问时与调查人联络。问卷法的优点是成本最低、覆盖的人数范围广；缺点是由于被调查对象不太重视而造成问卷回收率比较低，以及有被回收问卷的数据质量不高的情况。

3．观察法

观察法是调查人在现场对被调查对象的行为和结果直接观察、记录的信息收集方法。按照观察者身份、观察项的标准化程度、观察方式这3个维度，可以对观察法进行更为细致的分类。

（1）按照观察者身份，把观察法分为参与观察和非参与观察。**参与观察**是指观察者直接加入某个群体，以内部成员的角色参与被观察对象的各项活动并观察、收集信息。**非参与观察**是指观察者以旁观者的身份，置身于被调查对象群体之外进行观察。

（2）按照观察项的标准化程度，把观察法分为结构式观察和无结构式观察。**结构式观察**是事先制订好观察项和观察计划并严格按照观察内容项和计划实施的观察。**无结构式观察**是对观察的内容、计划事先不做严格规定，而是基于研究目的到现场后根据具体情况随机观察。这两种方式中，结构式观察的标准化程度高，便于操作实施和归类分析；无结构式观察灵活机动，但是对调查人在始终围绕研究目的开展调查的目标感，以及对被调查者行为与研究目的之间的关系分析等能力上的要求比较高。

（3）按照观察方式，把观察法分为直接观察和间接观察。**直接观察**是指观察者直接对被观察对象的言行举止进行观察。例如，带教导师直接观察学员执行任务的动作。**间接观察**是指通过被观察对象呈现的结果、行为痕迹等进行观察。例如，通过梁思成的《图像中国建筑史》手绘图的精细程度，可以看出这位建筑师非常严谨；通过文字可以看到李白的豪放、杜甫的悲悯、王维的恬淡。

观察法在工作和生活中的运用非常普遍，其优点是获得的信息客观真实；缺点是对观察人的能力要求较高，且需要对观察对象进行长时间的观察，时间成本比较高。

4．文献法

文献法是以文献资料（如各种统计年鉴、行业分析报告）为来源的信息收集方法。例如，在20世纪60年代中日尚未建交时，日本人通过某画报上刊登的铁人王进喜的照片判断出大庆油田就在华北地区；并根据某报纸关于工人从火车站将设备人拉肩扛到钻井现场和王进喜在马家窑的相关报道，推断出了大庆油田的确切位置；从王进喜出席人大会议判断出大庆油田出油了。之后又根据某报纸上刊出的一幅钻塔照片，估算出了油田的产油能力。在此基础上日本人又推算出我国将在随后的几年中急需进口大量设备，并按照中国的需求特点设计了相关设备，从而在谈判中一举击败了欧美各国的竞争对手，使其设备顺利打入中国市场。

文献法收集的数据包括静态数据和动态数据，我们在应用该方法时尤其要注意从动态的角度收集各种反映总体变化的历史数据。例如，最近5年的历史销量，最近3年行业的市场容量，最近2年某位待晋升干部的绩效。常见的文献类型有8种。

（1）各级政府主管部门公布的政策、法规，各级统计部门公布的行业动态、价格等。

（2）各种经济中心、专业信息咨询及调查机构、国际组织、商会、行业协会提供的市场信息和有关行业情报。

（3）国内外相关书籍、论文、报纸、杂志等所提供的资料。

（4）有关生产和经营机构提供的商品目录、广告说明书、专利资料等。

（5）各种博览会、展销会、交易会、订货会等商品展销会议所发放的文件和材料。

（6）各种专业性的学术会议所展示、发放的文件和资料。

（7）企业内部的业务资料、财务资料、员工信息档案等。

（8）互联网提供的各种信息。

文献法也是工作和生活中普遍运用的信息收集方法，其关键点是要找到文献的可靠来源。

5．实验法

实验法是根据科学实验原理，从影响被调查对象的若干因素中挑选一个或几个因素作为实验因素而其余因素不变，观察实验因素的变化对被调查对象的影响程度的信息收集和加工的方法。

根据对各种因素控制的严格程度，实验法又分为实验室实验法和自然实验法两种。**实验室实验法**是严格控制各种因素，并通过专门仪器进行测试和记录实验数据的方法。例如，各种新产品研发时的小试阶段、中试阶段。**自然实验法**是指在自然条件下，改变某些因素来考察该因素对被调查对象影响程度的方法，如新产品研发时的量产阶段、各种自然条件下的亲身体验、社会实践中的各种测试、引进的某种新技术新方法在某个事业部先行试点。

实验法的优点是获得的数据真实客观，而且能探索和验证各类现象之间的相关性；缺点是对实验因素的控制比较困难。

6. 专题讨论法

专题讨论法是挑选一组有代表性的被调查对象集中在调查现场，在主持人的引导下就某个主题分别发表意见，对差异和分歧部分开展充分的辩论，直至达成一致并集体确认信息收集和加工的方法。专题讨论法需要注意以下3点。

（1）会议的主持人有主题相关方法论和驾驭会议的控场能力，既要引导和鼓励每个与会者充分发言，又要避免谈话偏离中心，且能迅速理解和提炼与会者发言的中心思想和重点。

（2）与会人员要有代表性，即对讨论的主题有实践经验和理论知识，且在群体中较为突出。例如，企业在萃取最佳实践、构建专业或岗位的学习路径图时，就要选择该专业或岗位中有丰富实践经验、具备理论知识的优秀员工作为内容专家组成项目团队。

（3）与会人员数量一般控制在8～12人，时间根据主题的需要来定。

专题讨论法能快速收集最有代表性的一群人的意见并对各类意见做讨论、澄清和确认，在会议中即可得出结论或成果，不需要再次进行加工分析，在社会的各类经营活动和实践中被广泛使用。

根据培训效果评估的7种数据的研究目的和数据特点，可总结出各类数据的收集方法和收集频次（见表4.4）。

表4.4 培训效果评估7种数据的收集方法和频次

数据类型	数据来源	收集方法	收集频次
技能	评分专家、员工	观察法、实验法（测验）	1次
品质		观察法、实验法（测验）	多次（≥3）
从业时间	员工	问卷法	1次
绩效	绩效管理部门		1次
职级		文献法	1次
学历	人才发展部门		1次
性别			1次

针对从业时间、品质和技能的数据收集，需注意以下4个方面。

（1）向员工收集从业时间时，需告知员工收集数据的目的是研究群体技能与从业时间的关系而不做他用，以让员工放心填写真实信息。

（2）关于品质，可以使用相关测量表或者测试卷进行收集，但需要在一定周期内多次收集。因为人的品质是内隐的，我们只能通过外显的行为表现来推论员工是具备某项品质还是不具备某项品质。由于员工行为还受到其他因素（身体健康状况、外界物理因素）的影响，因此不能仅通过一次观察或测验就断言员工的品质情况。例如，在构建学习路径图时，专题会议一般会连续3天且每天会讨论到很晚，面对高强度、长时间的脑力活动，在项目现场，我们会观察到有些业务专家晚上10点仍然思路清晰、充满激情，展示出较为突出的"坚忍、有毅力"的品质。又比如，有些业务专家在业务领导阐述观点后仍然坚持己见，并指出对方观点的不合理之处，表现出较为突出的"不唯上、有勇气"的品质。那么是不是其他没有这些表现的专家就不具备这些品质了？我们无法断言，因为有些专家从国外区域出差回来，可能正在倒时差；有些专家可能本身就与领导的观点一致。

（3）关于技能，如果是使用基于知识的认知目标的精益测量表，则只需要组织员工开展一次考核即可，考试时保障物理环境和无意外干扰。如果是使用基于工作行为的精益测量，由于这是主观评价法，不适合由被测量对象自评完成，因此需要评分人对员工的技能行为进行打分，此时就需要对评分人进行选择和培训，以降低由评分人带来的误差。

（4）关于评分人的选择和评分组织还需进行进一步评估。评分人对测量表中的内容和衡量标准非常熟悉。优先选择参与测量表制作的专家作为评分人。评分人对被调查对象（样本）日常执行任务的工作行为非常熟悉。使用基于工作行为的精益测量，评分人可以在实际工作中对员工进行观察，如某面包制造商的培训中心想考核面包师的技能水平，组织了一个评分团队，在面包生产车间实地观察被考核的一批员工的真实面包制作过程并打分。另外，评分人也可以在模拟环境中对员工执行任务的行为进行观察，如某省电网组织员工在技能培训中心的模拟设备上执行工作任务，然后由评分团队对这批员工打分。这两种方法都需要场地、设备，还需要协调评分团队的时间。大部分岗位难以这样组织，因此可以采用第三种方法，即以被考核员工的直接上级、业务的主管领导基于员工最近一个季度或者半年的实际工作任务的执行情况，对被考核员工打分。在开展评分前，需对评分人说明和澄清评分的目的是研究员工群体的技能，被调查员工是作为群体的一个样本，打分不会对被调查员工个体产生任何影响，以让评分人能心无顾虑，更愿意评出员工真实的分数。同时，对评分人集体做关于测量内容和衡量标准的培训，确保每一位评分人对测量内容和衡量标准无疑问、无歧义，降低评分人打分时的随机效应[①]、趋中

---

① 随机效应：指评分人由于理解或其他原因，与其他评分者相比，不一致地使用评分等级，导致无法有效区分不同水平的员工。

效应^①、光环效应^②、宽严效应^③，以减少误差。每一位员工由 2～3 位评分人评分，可以都采用定距的评分方法，也可以其中一位用定序的方法，以备在数据预处理阶段检验评分者的信度。

---

① **趋中效应**：指评分人在具有多个评分刻度或等级的衡量标准中，过度使用中间的评分刻度或等级，因而无法有效区分不同水平的员工。例如，在 5 分刻度的衡量标准中，给员工都打 3 分。

② **光环效应**：指评分人不能清晰地辨别不同项目的含义，在这些项目中均给予员工相似的分数，因而无法有效区分不同水平的员工。

③ **宽严效应**：指评分人对某些员工打分更宽松，对另外一些员工打分更严厉，对不同员工不一致地使用评分刻度或等级，导致无法有效区分不同水平的员工。

第二节 预处理数据

一、数据清洗

我们收集到的数据很多时候不是直接用以开展描述分析和推论分析的。收集的数据可能存在缺失、错误或不一致，因此需要对数据进行清洗。**数据清洗**是指发现和纠正所收集数据的错误和不一致之处，以及处理缺失值和异常值的数据整理过程。下面分别针对数据错误、不一致、缺失和异常值展示问题的现象、分析原因并给出解决措施。

1. 数据中较为明显的错误是错填

如性别的单元格内填写了"本科"；或者显示为"#value!""####""#DIV/0!""#REF！""#NAME?""#N/A"等字符。这类问题主要出现在间接来源的绩效、职级、学历、性别类数据中，一般是因为从数据库中提取数据时出现公式错误、格式错误等造成的。遇到这类问题需要向对应数据来源的部门核实数据，或重新收集数据。

2. 容易出现数据不一致的主要是绩效、技能类数据

（1）绩效的不一致体现在某员工不同月份绩效的相对排序发生较大变化。例如，某个员工一年中大部分月份的绩效成绩相对位置不高，突然某个月的绩效值在群体中的相对位置非常突出；或者某个员工一年中大部分月份的绩效成绩比别的员工高，突然某个月的绩效值相对来说排序靠后。

遇到这类问题也需要向绩效管理部门核实该员工的数据。

（2）技能的不一致体现在不同评分人对同一员工的打分中。在基于工作行为的精益测量表中，衡量标准的5分刻度中每两个刻度之间都有明确的距离，当评分人对某一员工的某个工作行为的评分出现明显差异时（评分差异≥3分）。例如，不同评分人对某位员工技能打分不一致（见表4.5），评分人1和评分人3对员工的行为3的打分差异很很大。评分人1认为员工不能正确陈述和解释工作行为下的知识点，但评分人3认为员工能敏捷地执行常规场景下的工作行为且能执行复杂场景，这个差异太大，不太符合常理。遇到这类问题需要向打出差异分更多的那位评分人核实数据。

表4.5　不同评分人对某位员工技能打分不一致的现象

典型任务	工作行为	评分人1	评分人2	评分人3
	行为1	4	3	4
	行为2	2	2	3
	行为3	1	3	4

3. 容易出现数据缺失的也主要是绩效、技能类数据

（1）绩效数据缺失的现象，如某公司电商客服岗天猫客服销量（件）（见表4.6）。其中，杨洋8月没有销量，卫敏6～9月都没有销量。常见的原因是：员工在对应月份由于某些原因确实没有绩效数据、绩效管理部门提供数据时漏了。遇到绩效数据缺失的现象，首先找绩效管理部门核实，如果员工确实在对应月份没有绩效数据，再行处理。

（2）技能数据缺失的现象，如某位评分人对公司国际客户经理样本打的技能水平分（见表4.7）。其中，韩欢在工作行为的第四项"确定目标行业客户名单"中没有技能数据，所有员工在工作行为的第七项"评估客户需求潜力"这一栏都没有技能数据。常见的原因是：评分人漏看了；某一工作行为评分人没有观察过；某一工作行为以前公司没有要求或没操作

过，但现在根据最佳实践或公司需要又增加了。遇到技能数据缺失的现象，首先找评分人核实，如果属于技能数据缺失的后两个原因，再行处理。

表4.6 绩效数据缺失的现象

客服	6月	7月	8月	9月	10月	11月	12月
李玉婷	381	140	163	106	62	449	82
杨洋	350	128	—	98	53	323	67
顾子杰	349	135	163	107	60	392	81
吴娜	305	126	144	80	59	369	81
程王珏	323	109	173	112	49	453	87
周辉	357	115	150	88	60	352	81
卫敏	—	—	—	—	37	45	66
周源	329	147	175	84	78	421	59

表4.7 技能数据缺失的现象

典型工作任务	工作行为	盛友中	沈冉	王炀	毛润	陈荣	吴庆华	韩欢	李勇斌
分析市场态势	收集市场信息	3.5	3.5	3	3	2	3	3	2
	分析近3年市场容量情况	3.5	4	4	3	1	3	3	3
	分析区域市场竞争情况	3.5	4	3	2.5	2	2.5	2	3
挖掘潜在客户	确定目标行业客户名单	4	4	3.5	3	2	3	—	3
	收集客户基本信息	3	3.5	3	3	2	3	2	3
	拜访客户，收集客户需求	4	4	3	2.5	2	2.5	2	3
	评估客户需求潜力	—	—	—	—	—	—	—	—

如果数据就是真实缺失而不是由于漏填造成的，怎么处理呢？有两种方法：删除、填充。删除指从样本中去掉该员工，填充指使用一个集中趋势值填充缺失值。

（1）针对删除的情况。在绩效数据中，如果某位员工的绩效值缺失个数占比达到30%，则从样本中去掉该员工，如员工卫敏（见表4.6）。在技能数据中，如果某一项工作行为只是某个评分人没有观察过，使用另外评分人的数据即可；如果某一工作行为是基于战略/业务/最佳实践的要求新增加的，目前全部员工都没有数据，在征得业务领导的同意后，可以在此次培训效果评估中删除该项工作行为（注意，在此次评估中不评估此条工作行为，不代表以后也不评估）。

（2）针对填充的情况。在绩效数据中，如果某位员工的绩效值缺失个数占比低于30%，可以在此处填充本月度所有有绩效的员工的绩效均值，如员工杨洋8月的绩效数据可以填充为161（件）（见表4.6）。在技能数据中，如果某一工作行为是新增的，全部员工都没有数据，此时也可以都填充为1分。

由于在数据清洗过程中会从样本中剔除某个个体，因此在准备样本时不能刚刚好准备30人，按照统计中可用的数据占比75%的经验，建议准备的样本量达到40人。

4. 出现数据异常值的也是绩效、技能类数据

通俗地理解，异常值是指样本中明显偏离其他观测值的个别值，其产生原因有数据录入错误、数据测量错误、某个非员工技能因素的系统因素影响（例如，有人脉）、随机偶然因素影响（例如，偶然服务到一个大客户）。异常值需要从数据组中剔除。

那怎么识别异常值呢？异常值针对的对象是样本中每一个个体相应数据类型的总集合值，即针对每一名员工的各月绩效值总和、每一名员工所

有工作行为下的技能水平总和，而不是针对某个月的绩效值或者某一项工作行为下的技能值。因此，在识别异常值之前，先对样本的每个个体的绩效值、技能值汇总求和。汇总求和简单，在Excel中通过公式即可完成，此处不赘述。

　　汇总求和完成后，即可开始识别异常值。例如，从某银行40名客户经理7～10月的基金销售额（万元）中，我们发现这40个数据中，最大值是5023.79万元，最小值是0.75万元（见表4.8）。直观上感觉差异非常大，那么有没有异常值呢？即有没有可能是数据录入错误、数据测量错误、某个其他员工不具备的系统因素影响、随机偶然因素影响等原因造成这个差异呢？我们要把可能有非员工技能影响因素的相关绩效值找出来，从样本中剔除。

表4.8　某银行40名客户经理7～10月基金销售额（万元）

5023.79	390.18	77.88	33.74	2.38	63.92	3.17	42.80	5023.79	390.18
257.75	51.35	22.71	107.42	234.09	25.84	70.30	84.52	257.75	51.35
284.58	5.98	313.33	242.64	77.11	143.93	789.19	55.49	284.58	5.98
397.17	11.00	106.17	180.70	204.88	13.85	0.75	271.47	397.17	11.00
344.06	104.71	716.69	77.60	1331.97	352.47	5.55	53.99	344.06	104.71

　　识别异常值的方法有很多种，下面介绍一种简单的方法：箱型图。箱型图也称盒须图，反映一组数据分布的5个要素：中位数[1]、第一个四分位[2]点Q_1、第三个四分位点Q_3、与平均值[3]偏差超过三倍标准差[4]的2个值（$\bar{X}-3S$，$\bar{X}+3S$）。因此异常值的正式定义为，**异常值**是指一组数据中与

---

[1]　**中位数**是指处在中间位置上的数值，详见第五章第一节。

[2]　**四分位数**是指将一组数据从小到大排序，然后用三个数Q_1、Q_2、Q_3将其分成四部分，使得每一部分各占25%的数据，这样的三个数称为四分位数。Q_1是25%分位数或下四分位数，Q_2是50%分位数或中位数，Q_3是75%分位数或上四分位数。

[3]　**平均值**是指一组数据相加后除以数据个数的值。具体见第五章第一节"平均数"。

[4]　**标准差**是指各数据与其平均数离差的平方的平均数的平方根。具体见第五章第二节"标准差和方差"。

平均值的偏差超过三倍标准差以上的数值。下面以表4.8的数据为例，使用Excel图表功能中的箱型图，步骤如下。

（1）排序。将40个绩效数据从小到大排序，或者从大到小排序。

（2）绘制箱型图。选中40个数据，点击Excel图表功能中的箱型图，完成绘图（见图4.2）。从图中，我们发现40个数据被分成两部分，一部分在"箱子"及其上下"须状"线以内，另一部分在其之外，用小圆圈标识。其中，"箱子"的下端和上端分别是Q_1和Q_3，"须状"线的下端和上端分别是$\overline{X}-3S$和$\overline{X}+3S$，"箱子"中间的横线是中位数。

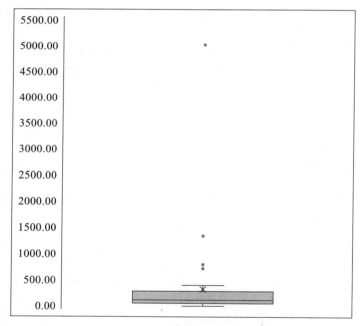

图4.2　某银行40名客户经理绩效箱型图

（3）识别异常值。箱型图中，不在"箱子"及其上下"须状"线以内数值就是异常值，图中4个小圆圈标识的数据就是异常值。从4个数值的分布位置来看，这4个值是40个数据中最大的4个（注意，并不是所有异常值都是最大的值，有些数据组的异常值分布在箱型图的下端）。从样本数据中去除这4个值。

（4）检查。去除异常值后，再绘制一次箱型图以作检验，直至数据组没有异常值为止（见图4.3）。

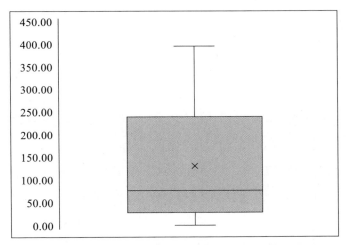

图4.3 某银行40名客户经理去除异常值后的绩效箱型图

5．检验评分者信度，确定可用的数据

我们人工识别了不同评分人对同一名员工的同一项工作行为给出差异较大分值的情况，但这种人工逐条识别的工作量非常大，而且容易犯错。因此，在汇总员工技能分且剔除异常值后，我们需要针对不同评分人对同一名员工的总分做一致性分析。如果不同评分人对员工技能评分结果的一致性很高，我们就采纳这些数据；如果不同评分人对员工技能评分结果的一致性很低，那么可能有一个或几个评分人并没有按照测量标准开展评分工作，或者没有负责任地评分，那么我们就不能采纳这些数据。这个检验不同评分者评分结果一致性的过程就叫作**评分者信度分析**。

评分者信度的分析方法是计算多个评分者对员工打分总分的皮尔逊积

距相关系数。使用SPSS软件计算皮尔逊积距相关系数的步骤见第七章。如果皮尔逊相关系数的检验结果一致性很高，我们就可以认为这一批评分人的信度高，他们的打分结果可以采纳。此时，我们可以选取任意一位评分人的结果进行下一步的分析，也可以采用所有评分人对员工打分的均值来作为员工的最终技能分。

二、数据转换和图示化

数据清洗确定了我们可以使用的数据，接下来为描述分析和推论分析做数据准备，包括数据转换和数据图示化。

数据转换是指把定类、定序数据从文字表现形式转变为数字表现形式，以符合统计软件计算规范的过程，以及把定距数据转变为标准化百分制的过程。培训效果评估7种数据的转换要求如表4.9所示。

表4.9　培训效果评估7种数据的转换要求

测量尺度	数据类型	数据转化要求
定比	从业时间	以月为单位统计。不需要转换。
定距	技能、绩效、品质	转换为百分制数据。
定序	等级绩效、职级、学历	按照从低到高排序，然后分别对应从小到大的数字。例如，等级绩效分为A、B、C、D四级，且A级＞B级＞C级＞D级，先从低到高排序，即D、C、B、A级，然后分别用1、2、3、4代表这四个级别。 注意，这里的数字只有排序含义，不能进行加减乘除运算。
定类	性别	以数字"1"代表男，以数字"2"代表女。 注意，这里的数字没有排序含义，也不能进行加减乘除运算。

数据图示化是指把数据以统计图的形式呈现，以更直观地了解数据特征。常用的统计图有条形图、线形图、时序图、饼图/环形图、箱型图、

茎叶图、直方图和散点图。箱型图、直方图和散点图分别在本章、第五章、第七章中有详细介绍，此处不再赘述。下面介绍条形图、饼图/环形图和时序图这3种培训评估中常用的图的使用场景及其示例，画图过程比较简单，也不做介绍。

1. 条形图

条形图是用条形的高度或长短来表示数据多少的图形。主要用于定类变量中不同类别数据大小的比较。

培训效果评估常用条形图的情况是：员工技能均值与目标值的距离、不同经营单元的员工技能均值比较。例如，某啤酒生产商A、B、C、D四个分厂的生产操作工的技能水平均值比较图（见图4.4）。

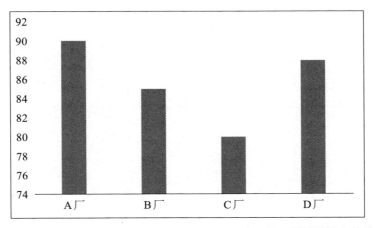

图4.4 某啤酒生产商A、B、C、D四个分厂的生产操作工的技能水平均值比较

2. 饼图/环形图

饼图/环形图是用圆形及圆内扇形的度数来表示数值大小的图形，主要用于一组数据中各组成部分的数据占全部数据的比例。

培训效果评估常用饼图/环形图的情况是：不同等级绩效、职级、学历、性别、从业时间段的人数占比，不同技能水平段的人数占比。例如，某新能源汽车售后服务中心门店店长和主管不同技能水平段的人数占比（见图4.5）。

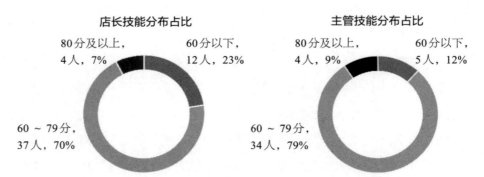

图4.5 某新能源汽车售后服务中心门店店长和主管不同技能水平段的人数占比

3. 时序图

时序图以时间为横轴，以事物的数量为纵轴，反映事物随时间变化过程的图示。

培训效果评估常用时序图的情况是：员工技能水平随时间的变化趋势。例如，某卫浴制造商新晋产品经理两年内的技能水平值（见图4.6）。

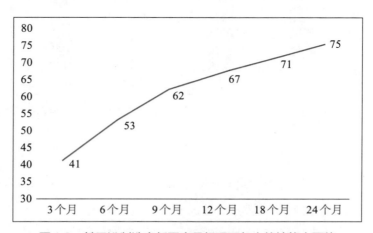

图4.6 某卫浴制造商新晋产品经理两年内的技能水平值

本章总结

　　培训效果评估主要为了研究员工的技能胜任程度、绩效与技能的关系、员工技能胜任的加速度这三大问题，这决定了需要收集的数据类型主要是员工的技能水平、员工的绩效值和员工的从业时间这3类数据。另外，基于不同的研究目的，培训效果评估经常还收集的数据类型有职级、学历、性别、品质。

　　收集数据的要求是数据要符合"全、真、精、新"的原则。人类感知信息的来源分为个体感知、传感器感知和群智感知三类，目前，培训评估的感知方式主要还是个体感知。个体感知有6种方法：访谈法、问卷法、观察法、文献法、实验法、专题讨论法。其中，经常用于培训效果评估数据收集的方法有观察法、实验法（测验）问卷法和文献法。

　　我们收集到的数据很多时候不能直接就用以开展描述分析和推论分析，收集的数据可能存在缺失、错误或不一致，因此需要对数据进行清洗。另外，还需要对数据做数据转换和数据图示化。

5

第五章

描述和估计员工技能的特征

本章你将学到的内容

◎ 员工技能的三类特征：集中趋势、离散程度、分布形状。

◎ 用样本估计总体均值的原理和计算方法。

◎ 使用SPSS执行技能特征描述和推论估计的操作步骤。

第一节　分析技能的集中趋势

一、技能的集中趋势

集中趋势是指一组数据向某一中心值靠拢或聚集的程度，这一中心值作为该组数据的代表值来说明和解释数据的特征。常用的集中趋势指标有平均数、中位数、四分位数和众数，集中趋势指标即前述的中心值，又称平均指标。

在实际工作中，员工技能数据的分布是分散的，但一般会集中在平均指标附近。即越靠近平均指标，员工技能数据越多；越远离平均指标，员工技能数据越少。

常见的平均指标用途如下。

（1）作为总体员工的技能分布集中趋势的量化反映和解释。例如员工的平均技能水平是多少；是高于培养目标，还是低于培养目标；如果是高于，高多少，如果是低于，差距有多少。

（2）作为员工个体技能水平对标的依据。例如，多少员工的技能低于平均水平，是哪些员工的技能低于平均水平。

（3）使用平均指标做群体技能水平的对比。例如，不同地区、不同分公司、不同业务单元相同岗位的员工的技能水平对比；或者同一批员工在不同培养阶段的技能水平变化，以便说明员工技能增长的趋势和规律。

员工技能平均指标中，常用的是平均数、中位数，下面分别讲述。四分位数在第四章第二节的箱型图中有描述。对众数感兴趣的读者，可以查阅统计学书籍继续学习。

二、平均数

员工技能的**平均数**，是所收集的全部样本员工的技能水平值相加后除以员工数量的值，又叫员工技能均值，用X表示。计算公式如下：

$$X = \frac{x_1 + x_2 + x_3 + \cdots + x_n}{n} = \frac{\sum x}{n}$$

其中，X是员工技能水平的平均数，X_1、X_2、X_3、$\cdots X_n$是每一个员工的技能水平值，$\sum x$是每一名员工技能水平值相加的总数，n是员工数量，即样本量。

例如，某公司营销部部长想知道营销人员的总体技能水平情况，培训部经理针对全体25名营销人员做了技能水平测量（见表5.1）。请问，接下来培训经理应该怎么计算营销人员的技能水平均值？

表5.1　25名营销人员技能水平值

90	60	65	81.9	57.5
85.6	76	65	85.7	77.5
90	86.9	76.2	78.7	77.5
57.5	77.5	66.2	68.9	78.8
76.2	70	81.8	85.7	60

根据员工技能均值计算公式$X = \frac{x_1 + x_2 + x_3 + \cdots + x_n}{n} = \frac{\sum x}{n}$，我们计算25名营销人员的技能水平均值如下：

$$X = \frac{90 + 85.6 + 90 + \cdots + 77.5 + 78.8 + 60}{25} = \frac{1876.1}{25} = 75.044$$

计算员工技能均值比较简单。在实际的运用中，我们经常还会碰到另外的两种场景。第一种场景是业务部门领导想知道不同区域员工的技能水平差异，这个时候我们可以计算不同区域的员工技能均值，再做对比。第二种场景是培训经理想知道一个培训项目对员工的技能提升是否产生了帮助，这时我们可以计算培训前的员工技能均值（前测）和培训后的员工技能均值（后测），二者做比较。当培训项目周期在半年以上时，我们可以以季度或半年度为单位，在项目中间测算员工的技能均值（中测），通过比较前测、中测、后测的数据，发现员工技能增长的趋势或规律。需要注意的是，这种基于均值之间的直接比较方法在操作上虽然很简单，却很容易犯错误，因为不能肯定地说技能水平均值为72分的员工群体高于均值为65分的员工群体，其原因及两个均值的严谨比较方法见第六章。

在所有的技能数据中，当有明显区别于其他数据的极大值或极小值出现时，均值对员工总体技能的代表性减弱，即均值作为员工技能集中趋势的有效性减弱。例如，在10名员工的技能值中，大部分员工的技能值在60分以上，最后一名员工分值为7（见表5.2）。通过绘制箱型图（见图5.1），检验没有异常值，即这10个值都有效。计算10个数的均值是64.27，但这个均值64.27并不能代表这组数据的大多数。

表5.2　10名员工的技能水平值

90	55	74	81.9	27.5
85.6	76	60	85.7	7

当数据组中有极大值或极小值，均值不能代表数据的大多数时，怎么办呢？我们可以使用第二类平均指标中位数。下面详细阐述员工技能的中位数。

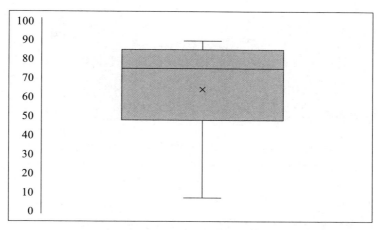

图5.1 10名员工的技能值箱型图

三、中位数

员工技能的中位数是将所收集的全部员工的技能水平值按照大小顺序排列后，处在中间位置上的数值。即中位数是所有数据的中点，这个数值将全部员工的技能值分为两部分，每部分包含50%的数据，一半的数据小于中位数，一半的数据大于中位数。中位数用M_e表示，它没有计算公式，其计算步骤如下。

（1）以从大到小或者从小到大的顺序排列出员工的技能数据。

（2）计算中位数所处的位置，当数据总量n为奇数时，中点位置有1个，就是 $\frac{n+1}{2}$ ；当数据总量n为偶数时，中点位置有2个，分别是 $\frac{n}{2}$ 和 $\frac{n}{2}+1$ 。

（3）查找或者计算中位数，当数据总量n为奇数时，中点位置的对应的员工技能值就是中位数；当数据总量n为偶数时，需要计算在 $\frac{n}{2}$ 和

$\dfrac{n}{2}+1$ 位置上2名员工技能值的平均值，该平均值就是中位数。

例如，25名营销人员中（见表5.3），技能的中位数计算过程如下。

（1）对25名营销人员的技能水平值进行排序，下表是按照从大到小的顺序排序后的数值。

表5.3　25名营销人员的技能水平值按照从大到小排序

90	90	86.9	85.7	85.7
85.6	81.9	81.8	78.8	78.7
77.5	77.5	77.5	76.2	76.2
76	70	68.9	66.2	65
65	60	60	57.5	57.5

（2）计算中位数所处的位置，25名营销人员的中点位置是 $\dfrac{25+1}{2}=13$ 。

（3）在表5.3中排序第13位的员工技能值为77.5，即该25名营销人员的技能中位数为77.5。

请大家计算表5.2中10名员工的技能中位数，并对照下面步骤检验自己的计算方法。

（1）对10名员工的技能进行排序，下表是按照从大到小的顺序排序后的数值。

（2）计算中位数所处的位置，10名员工的中点位置有2个，分别是 $\dfrac{10}{2}=5$ ， $\dfrac{10}{2}+1=6$ 。

（3）在表5.4中查找排序在第五位、第六位的员工技能值分别为76、74，计算76和74的平均值 $\dfrac{76+74}{2}=75$ ，即该10名员工的技能中位数为75。

表5.4　10名员工的技能水平值

90	85.7	85.6	81.9	76
74	60	55	27.5	7

　　中位数的特点是不受极大值或极小值的影响。举一个比较典型的例子：用中位数反映人均收入的集中趋势，就比用平均数反映人均收入的集中趋势更具有代表性。当一个员工群体的技能值有极值，尤其是有多个极值时，使用中位数来说明该员工群体技能的集中趋势会更有代表性。

第二节　分析技能的离散程度

一、技能的离散程度

集中趋势指标代表的是员工技能的一般水平，反映的是一个员工群体的技能水平的共性，而不能反映这个员工群体的技能水平的差异性。例如，有2组员工的技能数据（见表5.5），它们的平均值都是75，但明显A组5名员工的技能水平的均衡性比B组5名员工的要好，即B组5名员工的技能差异大于A组。

表5.5　2组员工的技能水平值

A组	65	70	75	80	85
B组	55	65	75	85	95

因此，全面地描述员工技能的分布特征包含2个方面，一是通过集中趋势反映员工的共性，二是通过离散程度反映员工技能之间的差异。

离散程度是指一组数据中各数据远离中心值的趋势，又称为数据的变异性指标。常用的离散程度指标有全距、四分位距、平均差、方差、标准差和标准差系数。在员工技能变异性指标中，常用的是全距、标准差和标准差系数，下面分别讲述。方差在推论统计中会被大量使用，因此与标准差一起讲述。对四分位距、平均差感兴趣的读者，可以查阅统计学书籍继续学习。

二、全距

全距是一组数据中的最大值减去最小值的差距，又称为"极差"，用 R 表示。计算公式为：

$$R = X_{max} - X_{min}$$

其中，R 是全距，即极差。X_{max} 是一组数据中的最大值，X_{min} 是一组数据中的最小值。

一般来说，全距数值越小，说明数据越集中；全距数值越大，说明数据越分散。例如表5.5中A组员工的全距为 $R_{A组}$=85-65=20；B组员工的全距为 $R_{B组}$=95-55=40。A组员工的全距小于B组，即A组员工的技能值更集中，而B组员工的技能值更分散。

全距计算简单，但由于它只考虑两端最大和最小的值，所以容易受极值的影响。而且，全距只考虑了最大和最小的差异，没有考虑中间数据的差异，代表的是变异性最笼统的测量。因此，在实际的运用中很少单独使用全距描述员工技能的变异程度。

三、标准差和方差

如果要计算每一名员工技能水平的差异性，我们想一想可以用什么逻辑来表达？有些读者已经想到了平均数。根据每一名员工技能水平 x 与平均数 $\overline{X}$ 之间的差异度量这一组员工技能水平的离散程度，比全距更为全面和准确。使用这个计算逻辑的有平均差、标准差和方差，其中，标准差是实际工作中运用最广泛的衡量离散程度的指标。

标准差是各数据与其平均数离差的平方的平均数的平方根。读起来比较拗口和抽象，下面展示标准差的计算公式及公式的详细步骤，标准差用S表示：

$$S = \sqrt{\frac{\sum(x-\bar{x})^2}{n}}$$

其中，S是标准差，用来衡量一组员工技能的离散程度。

x是每一位员工的技能水平值。

$\bar{x}$是一组员工技能的平均数。

$x-\bar{x}$是每一位员工的技能水平值与平均数的距离，也叫作离差。

$(x-\bar{x})^2$是每一位员工的技能水平值与平均数离差的平方。

$\sum(x-\bar{x})^2$是离差平方的和。由于$x-\bar{x}$有正值和负值，为避免正负离差相加后数据抵消的问题，因此聪明的统计学家计算离差平方的和。

n是员工数量，即样本量。

$\sqrt{}$平方根。由于$(x-\bar{x})^2$是离差的平方，为保证标准差与原始数据的计量单位相同，因此对离差平方的平均数做平方根计算。

下面以表5.5中A组5名员工的技能水平值为例，来详细解释标准差的计算步骤。

（1）罗列每一名员工的技能水平数据，不需要排序。

（2）计算该组员工技能的平均数。

（3）计算每一名员工的技能水平值与平均数的距离，即离差。

（4）计算每一个离差的平方。

（5）计算所有离差平方的和（以上各步数值见表5.6）。

（6）计算离差平方的和的平均数。用所有离差平方的和250除以样本规模5，也就是250/5=50。

（7）计算（6）中的平方根。50的平方根约等于7.1，即A组5名员工技能的标准差是7.1。

表5.6 A组员工标准差计算步骤

步骤1	步骤2	步骤3	步骤4
x	$\bar{x}$	$x - \bar{x}$	$(x - \bar{x})^2$
65	75	−10	100
70	75	−5	25
75	75	0	0
80	75	5	25
85	75	10	100
合计（步骤5）			250

　　请大家按照上述步骤计算表5.5中B组5名员工技能的标准差。B组员工技能的标准差是14.1。

　　我们如何解释标准差？标准差告诉我们一组员工中每一名员工的技能与均值的偏差平均数。例如A组员工的技能标准差7.1可以解释为，每一名员工与平均技能75分的平均差异是7.1分。

　　标准差的特点是：标准差越大，则员工技能数值之间的相互差异越大。例如，A组员工的技能平均值与B组员工的都是75，但A组员工的技能标准差是7.1，B组员工的是14.1，说明B组员工之间的技能差异比A组员工大。

　　由于标准差计算公式中使用了均值，因此，标准差与均值一样对极值很敏感。当员工技能数据中存在极值时，你计算的标准差要注明极值。

　　需要注意的是，有些统计学工具在计算标准差的第6步时，除以的是$n-1$，而不是n，即$S=\sqrt{\dfrac{\sum(x-\bar{x})^2}{n-1}}$。两个公式都对，使用$n$计算的标准差称为有偏估计，使用$n-1$计算的称为无偏估计。当你的目的是描述样本特征，或者你得到员工总体的数据时，可以使用有偏估计；当你想用样本估计总体员工的标准差时，使用无偏估计更准确。

方差是标准差的平方，用 S^2 表示。方差在离散程度上的解释意义没有标准差清楚。例如，表5.6中A组员工的技能方差是 $7.1^2=50.41$，解释为每一名员工与平均技能75分的平均差异的平方是50.41分，显然这个解释不如标准差7.1的解释清楚。方差较少用在描述统计中，但在推论统计中会大量使用到。

四、标准差系数

标准差虽然能全面和准确地反映一组员工的技能离散程度，但在实际场景中的运用有一定局限。当我们需要比较不同组别员工技能的均衡性时，实际场景中由于不同组别员工技能的均值并不一样，造成我们无法直接使用标准差互相对比，如下面的案例。

某啤酒生产商在全国有多家分厂，现在培训经理想知道A、B、C、D四个分厂的生产操作工的技能水平情况。经过测算（见表5.7），请问培训经理应该有什么结论？

表5.7　某啤酒生产商4个分厂的生产操作工的技能水平

	员工平均技能	标准差
A厂	90	20
B厂	85	10
C厂	80	5
D厂	88	7

上表中，由于四个厂的员工平均技能值不一样，我们无法直接比较四个厂的员工技能标准差。我们不能说A厂生产操作工的平均技能高，但员

工技能的差异性大；C 厂生产操作工的平均技能低一些，但员工技能的差异性小。这种解释让人摸不着头脑。

实际上，由于标准差除了受各员工技能差异程度的影响，也受员工技能平均水平高低的影响。当不同小组的员工平均成绩相等或者相差不大时，可以直接比较标准差的大小。例如，上表中 A 厂和 D 厂员工的平均技能相差不大，可以直接对比 A 厂、D 厂员工技能的标准差，根据 A 厂员工技能标准差为 20，D 厂员工技能标准差为 7，可以得知 D 厂的各个员工的技能差异性比 A 厂小，D 厂员工的技能更均衡，而 A 厂员工的技能更分散，A 厂一部分的员工技能高，但也有一部分员工的技能会比较低。

当不同小组的员工平均成绩相差很大时，不能直接比较标准差。例如上表中 A 厂和 C 厂员工的平均技能相差 10 分，就不能直接比较 A 厂、C 厂员工的技能标准差。这种情况下，我们需要使用标准差系数来做判断。

标准差系数是一组数据的标准差与其平均数的比值，又叫作离散系数，用 CV 表示。其计算公式为：

$$CV = \frac{S}{\overline{X}}$$

其中，CV 是标准差系数，可以用来比较不同群体的员工技能的离散程度。

S 是一组员工技能的标准差。

$\overline{X}$ 是一组员工技能的平均数。

标准差系数消除了平均数大小的影响，可以用于比较不同平均技能的样本数据的离散程度。标准差系数越大说明数据的相对离散程度越大，平均数的代表性越差；标准差系数越小说明数据的相对离散程度越小，平均数的代表性越好。

下面我们计算表 5.8 中 4 个厂的员工技能的标准差系数。

表5.8   某啤酒生产商4个分厂的生产操作工的技能标准差系数

	员工平均技能	标准差	标准差系数
A厂	90	20	0.2222
B厂	85	10	0.1176
C厂	80	5	0.0625
D厂	88	7	0.0795

　　根据4个分厂员工的标准差系数，我们可以得知C厂、D厂生产操作工的技能比较均衡，且2个厂的员工平均技能的代表性比较好；而A厂、B厂生产操作工的技能的离散程度相对较大，即这2个厂一部分的员工技能高，一部分员工的技能较低，且这2个厂的员工平均技能的代表性比较差。

第三节 绘制技能的分布形状

一、直方图

均值、中位数、全距、标准差等是以数值的形式来描述技能的集中趋势和离散程度的，接下来我们以图的形式来直观地表示技能的分布情况、变化情况及相互之间的关系。

最常用的反映连续型变量分布特征的图形是频数直方图，简称直方图。**频数直方图**是指用多个连续等宽的长方形表示一组连续变量的数值和频数的统计图，其中，横轴（长方形的宽）表示变量的数值大小，纵轴（长方形的高）代表变量在每一区间中的频数，长方形底边的两个端点分别是变量每一区间数值的上限和下限，长方形之间不留空隙。例如，以表5.1中25名营销人员的技能水平绘制直方图（见图5.2）。从图中我们可以直观地看到，这25名营销人员技能分在75～80这个区间最多，有8次，技能分布在频数区间两边的次数逐步减少。

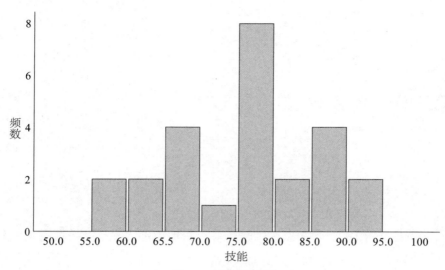

图5.2　频数直方图

用一个表来解读上述直方图的信息（见表5.9）。

表5.9　频数分布表

区间	组下限（起点）	组上限（终点）	频数
55 ～ 59	55	59	2
60 ～ 64	60	64	2
65 ～ 69	65	69	4
70 ～ 74	70	74	1
75 ～ 79	75	79	8
80 ～ 84	80	84	2
85 ～ 89	85	89	4
90 ～ 94	90	94	2
合计			25

那么，直方图是如何绘制的呢？分为五步（以表5.1为例）。

第一步，计算全距。由 $R=X_{man}-X_{min}$ 计算25名营销人员技能的全距

$R=90-57.5=32.5$。

第二步，确定组距和组数。**组距**是一个组的终点与前一个组的终点的距离，即两者之差。**组数**是全距除以组距后向上取整数或者该整数加1。例如，图5.2的组距是5分，组数是8组（$32.5 \div 5=6.5$，向上取整数加1为8）。组距的选取可以以全距为参考，全距大，组距可以大一些；全距小，组距就小一些。组距选取的一般原则是：（1）选择2、5、10、20这样的值为组距；（2）选择7 ~ 20个组数就能覆盖所有数据的组距。

第三步，确定组限。**组限**是每一个组的起点（组下限）和终点（组上限）。在所有组限中，数据最高组应能包括最大的数据，最低组应能包括最小的数据。

第四步，分组登记频次。分组登记组限以内数据出现的次数，并计算频率百分比和累计频率百分比（通常报告中不用频次，而用频率百分比）。**频率百分比**是各组的频次除以数据总数量，**累计频率百分比**是截至本组的所有频率百分比之和。最后一组的累计频率百分比应该是100%。25名营销人员技能分报告格式的频数分布表如表5.10所示。

表5.10　某公司25名营销人员技能分的频数分布表

分组	频数	频率（%）	累计频率（%）
55 ~ 59	2	8%	8%
60 ~ 64	2	8%	16%
65 ~ 69	4	16%	32%
70 ~ 74	1	4%	36%
75 ~ 79	8	32%	68%
80 ~ 84	2	8%	76%
85 ~ 89	4	16%	92%
90 ~ 94	2	8%	100%
合计	25	100%	

第五步，绘制直方图。在二维坐标系中，首先以横轴表示变量的数值，按照组数和组限建立各个组；然后以纵轴表示变量的频数或频率，按照组距宽度绘制为长方形的形状。

请大家根据直方图的绘制5步骤，绘制某公司35名HRBP的技能水平值的直方图（见表5.11）。

表5.11　某公司35名HRBP的技能水平值

65	93	68	71	78	85	76
70	95	72	77	64	90	82
75	73	77	82	66	96	60
81	77	83	88	57	70	65
86	83	89	94	61	76	70

笔者也绘制了表5.11的直方图（见图5.3）。

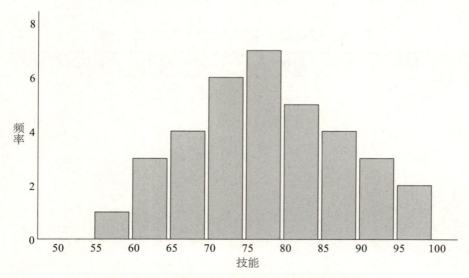

图5.3　某公司35名HRBP技能水平值的直方图

二、正态分布

在直方图中，取各长方形上边的中点，用折线连起来，并顺延至横轴，然后去掉原来的直方图，就形成了由线条组成的频数多边图。图5.4所示的黑色折线就是以图5.3绘制的频数多边图。

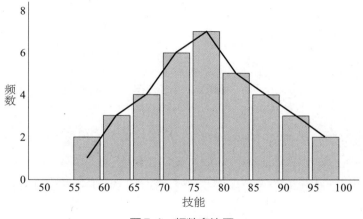

图5.4　频数多边图

数学家、统计学家们发现，在自然界和人类社会中广泛存在着一种频数多边图的分布（见图5.5）。例如，人类的智商平均在100[①]，100也是人

[①]　智商（Intelligence Quotient），智力商数，是表示人的智力高低的数量指标。首先由法国实验心理学家比奈·阿尔弗雷德（Binet.Alfred，1857—1911）和他的学生T. 西蒙于1905年发明了测量智力的"比奈－西蒙量表"，后来德国心理学家威廉·斯特恩完善了智力水平的计算方式并于1912年首次提出智商的概念。后人在此基础上不断研究和发展。在人类智力广泛测量的结果中，将平均智商，同时也是人数分布最多的智商值定义为100。

数分布最多的智商值，以100为中心向两边延伸的智商值的人数分布逐次降低。在样本量足够大的情况下，把所有智商值的人数绘制成频数多边图，就形成了一个类似钟形的曲线，中间点最高，然后逐渐向两侧下降，同时两边以过中间点的垂线对称分布。人类的身高、体重、寿命、红细胞数、血红蛋白量、各种心理测量等，生产的产品的质量、零件尺寸等，实验中的随机误差等都具有这种分布规律。这种分布形状就叫作正态分布。

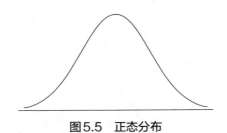

图5.5　正态分布

正态分布（Normal Distribution）是指均值、中位数和众数[①]相等、以均值为中心两边对称的概率分布，又叫常态分布、高斯分布。正态分布是由大数学家棣莫弗[②]、伯努利[③]、拉普拉斯[④]、高斯[⑤]等人发现的概率分布规

[①] **众数**是指一组数据中心出现次数最多的数值。注意，众数不是频数，众数是一组数据中的某个值，而频数是数据组中各个值出现的次数。

[②] 棣莫弗（1667—1754），法国数学家，他的《机遇论》是早期概率论史上三部具有里程碑意义的著作之一。棣莫弗在1733年发表的论文中提出了概率论中最重要的一类定理"中心极限定理"。

[③] 伯努利家族，17—18世纪瑞士的一个连续出过十余位数学家的家族。其中，雅各布·伯努利于1713年出版的《猜度术》，也是早期概率论史上具有里程碑意义的一部著作，他在书中提出应用广泛的"伯努利数"，揭示了"大数定律"。

[④] 拉普拉斯（1749—1827），法国数学家、天文学家，1812年发表的《概率分析理论》是早期概率论史上具有里程碑意义的第三部著作。

[⑤] 高斯（1777—1855），德国数学家、天文学家和物理学家，在研究误差理论时发现正态分布规律，是数理统计中最小二乘法的发明人。

律。最早关于正态分布的研究是赌博游戏中的概率计算。

正态分布具有以下性质（见图5.6）：

（1）正态曲线以均值为中心，两边完全对称。如果曲线与 x 轴所围面积是1，则以均值为中心的两边的面积各为0.5；

（2）曲线左右两边的尾线无限接近于横轴，但永不与横轴相交，即存在数值是无限小或无限大；

（3）正态分布的均值、中位数、众数相等；

（4）正态分布中，距离中心一个标准值[①]（-1到1）范围的概率为68.26%，两边各占比34.13%；两个标准值（-2到2）的概率为95.44%，两边各占比47.72%（34.13%+13.59%=47.72%）；三个标准值（-3到3）的概率为99.74%，两边各占比49.87%（34.13%+13.59%+2.15%=49.87%）。

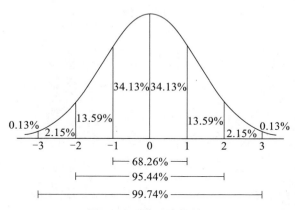

图5.6　正态分布的特征

---

① 标准值是以标准差为单位进行了标准化的值，可以实现不同规模的样本分布的相互比较。例如，总体规模为200，样本量为30的一个标准值的概率分布是68.26%；另一个总体规模为3000，样本量为300的一个标准值的概率分布也是68.26%。标准值又叫标准分数，常见的标准值是Z值，$Z_i = \dfrac{x_i - \bar{x}}{s}$，其中，$Z_i$是某个数值的标准值，可以理解为偏离均值的标准差的数量；x_i是某个具体的数值，$\bar{x}$是一组数据的均值，s是该组数据的标准差。

三、偏度和峰度

很多时候，我们调研的数据并不像正态分布那样两边完全对称（见图5.7），数据的分布往往会出现左边的A图和右边的B图这两种分布形态，中间是正态分布。

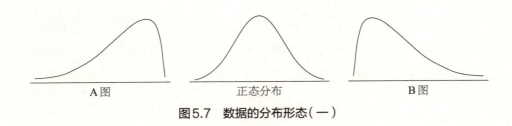

A图   正态分布   B图

图5.7   数据的分布形态（一）

A图、B图这种不对称分布的形态，叫作偏态分布，是数据较多地出现在均值的一侧的现象，统计学把这种现象叫作偏度。**偏度**是指数据分布的不对称性。这一概念由统计学家皮尔逊于1895年首次提出。测度数据分布不对称性的指标是**偏度系数**，用SK表示。使用不同计量单位时，偏度系数的计算公式也不同，大家要注意在不同的软件中使用的偏度系数计算方法可能会有差别。下面介绍一种简单、人工方便操作的计算方法。

$$SK = \frac{3(\overline{X} - M_e)}{S}$$

其中，SK是皮尔逊偏度系数，这个偏度系数考虑了标准差，因此可以在不同数据组中相互比较。$\overline{X}$是均值，M_e是中位数，S是标准差。

当数据是对称分布时，偏态系数SK=0，为无偏态。正态分布的偏态系数就为0。当均值小于中位数时，偏态系数SK<0，为负偏态，如图5.7中的A图，均值在中位数左侧，分布有较长的左尾。当均值大于中位数

时，偏态系数SK＞0，为正偏态，如图5.7中的B图，均值在中位数右侧，分布有较长的右尾。请大家计算四组数据的偏态系数，并判断这四组数据的偏态分布情况（见表5.12）。

表5.12　四组数据的均值、中位数和标准差

	均值	中位数	标准差
一组	80	85	10
二组	85	85	10
三组	86	85	10
四组	88	85	10

笔者也做了计算，四组数据的偏态系数和分布形态如下（见表5.13）。

表5.13　表5.12中四组数据的偏态系数和分布形态

	计算过程	偏态系数	偏态分布情况
一组	$\dfrac{3 \times (80-85)}{10}$	−1.5	负偏态
二组	$\dfrac{3 \times (85-85)}{10}$	0	无偏态
三组	$\dfrac{3 \times (86-85)}{10}$	0.3	正偏态
四组	$\dfrac{3 \times (88-85)}{10}$	0.9	正偏态

工作中我们如何使用偏度呢？有一个快速的判断方法（见表5.14）。当偏度系数的绝对值≤0.5时，我们认为在对称性上近似于正态分布。严谨的判断方法需要进行正态性检验，见本节"四、使用SPSS计算和绘图"。

数据分布除了横向看对称性，还要纵向从最高点往下看数据分布的峰度。如左边的C图和右边的D图这两种分布形态，中间是正态分布（见图5.8）。

表5.14   偏度的快速判断方法

偏态系数范围	偏度定性判断
0	无偏斜
$-0.5 \leqslant SK < 0$ 或 $0 < SK \leqslant 0.5$	轻微偏斜
$-1 \leqslant SK < -0.5$ 或 $0.5 < SK \leqslant 1$	中等偏斜
$SK < -1$ 或 $SK > 1$	严重偏斜

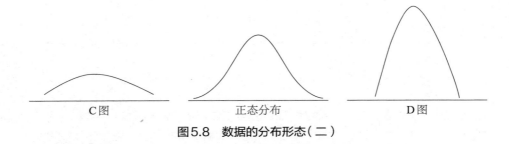

图5.8   数据的分布形态（二）

图5.8中，三个图虽然都是左右对称的，但相较于中间的正态分布图，左边C图显得比较平坦，即数据分布比较离散；右边D图显得比较高尖，即数据分布比较集中。统计学把这种平坦或高尖的分布现象叫作峰度。**峰度**是指数据分布峰值的高低。这一概念是由皮尔逊在1905年首次提出的。测度数据分布峰值高低的指标是**峰态系数**，用 K 表示。与偏态系数一样，当使用不同计量单位时，峰态系数的计算公式也不同。下面介绍一种简单、人工方便操作的计算方法。

$$K = \frac{\Sigma \left(\dfrac{X - \overline{X}}{S} \right)^4}{S} - 3$$

其中，K 是皮尔逊峰态系数，也可以在不同数据组中相互比较。

$\Sigma \left(\dfrac{X - \overline{X}}{S} \right)^4$ 是 $\left(\dfrac{X - \overline{X}}{S} \right)^4$ 的总和。X 是数据组中每一个具体的数值，$\overline{X}$ 是

均值，*S*是标准差，*n*是样本量。

峰度是与正态分布相比较得来的，正态分布的峰态系数*K*=0，为常峰态。当数据较少地聚集在均值附近时，峰态系数*K*<0，数据为扁平分布，如图5.8中的C图。当数据较多地聚集在均值附近时，峰态系数*K*>0，数据为尖峰分布，如图5.8中的D图。即便计算公式已经很简单了，人工计算峰态系数仍然比较繁琐，因此此处略过。接下来我们直接使用软件计算。

四、使用SPSS计算和绘图

下面先使用SPSS计算员工技能的集中趋势指标均值和中位数、离散程度指标全距和标准差，以及数据分布指标偏态系数和峰态系数。然后使用SPSS绘制直方图。

（一）使用SPSS计算各指标

下面以表5.11为例说明使用SPSS计算各指标及正态性检验的6步骤，如下。

第一步，打开数据。在SPSS中打开数据表"某公司35名HRBP的技能水平值"（附录5.11）。

第二步，点击描述统计功能。点击的路径为"分析→描述统计（E）→频率（F）"（见图5.9）。

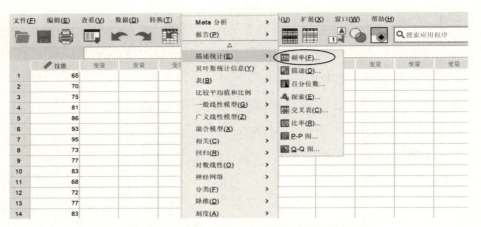

图5.9　SPSS中点击描述统计功能的路径

第三步，移入数据，选择计算指标。把技能移入变量，点开"统计（S）"功能框选择计算指标，在弹出框中勾选均值、中位数、最大值、最小值、标准差、偏度和峰度，先点击"继续"按钮后点击"确定"按钮。移入数据及选择计算指标的路径如图5.10所示。

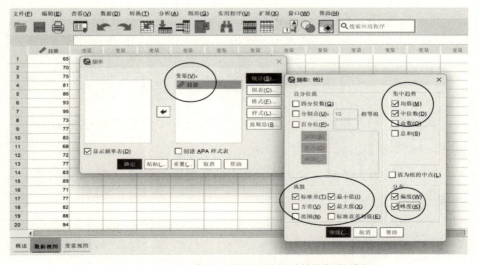

图5.10　SPSS中移入数据及选择计算指标的路径

第四步，读取数据。在SPSS输出文档中读取数据，结果见图5.11。可以看到，所统计的是35个变量，集中趋势的两个指标均值和中位数都是77；离散程度的标准差是10.547，在结果中用最大值减去最小值可知全距等于39（96-57=39）（注意，有的版本的SPSS有全距计算功能）；数据分布形态的两个指标偏态系数是0.074，为轻微的正偏态，峰态系数是-0.809，为轻微的扁平分布（注意，该版本SPSS的偏态和峰态系数计算方式与本文公式有差异）。

统计

技能

个案数	有效	35
	缺失	0
平均值		77.00
中位数		77.00
标准偏差		10.547
偏度		0.074
偏度标准误差		0.398
峰度		-0.809
峰度标准误差		0.778
最小值		57
最大值		96

图5.11 某公司35名HRBP技能的集中趋势、离散程度和分布系数

第五步，点击正态性检验功能，移入数据。路径为"分析→描述统计（E）→探索（E）"。把技能移入变量，点开"图（T）"功能框，在弹出的框中勾选含检验的正态图，先点击"继续"按钮后点击"确定"按钮。移入数据及勾选含检验的正态图的路径如图5.12所示。

图5.12　SPSS中点击正态性检验的路径

　　第六步，解读数据。在SPSS输出文档中读取数据，结果见图5.13。可以看到夏皮洛-威尔克显著性检验[①]结果是 $P = 0.641$，大于显著性水平 0.1，表示数据是正态分布的。假设检验的原理见第六章。

正态性检验

	柯尔莫戈洛夫-斯米诺夫[a]			夏皮洛-威尔克		
	统计	自由度	显著性	统计	自由度	显著性
技能	0.071	35	0.200[*]	0.976	35	0.641

*. 这是真显著性的下限。
a. 里利氏显著性修正。

图5.13　SPSS中正态性检验结果

---

① 夏皮洛-威尔克显著性检验（S-W）用于样本量2000以下的样本；柯尔莫戈洛夫-斯米诺夫显著性检验（K-S）用于样本量2000以上的样本。

（二）使用SPSS绘制直方图

仍然以表5.11为例说明使用SPSS绘制直方图的四步骤，如下：

第一步，打开数据。在SPSS中打开数据表"某公司35名HRBP的技能水平值"（附录5.11）。

第二步，点击直方图功能。点击的路径为"图形→直方图（I）"（见图5.14）。

图5.14　SPSS中点击直方图功能的路径

第三步，移入数据，勾选显示正态曲线功能。把技能移入变量，勾选显示正态曲线，点击确定。移入数据及勾选的路径如图5.15所示。

第四步，读取数据。在SPSS输出文档中读取直方图，结果见图5.16。可以看到直方图以中间最高长方形为中心两边近似对称，峰度稍高于正态曲线的顶点，数据分布形态近似于正态分布。另外，在直方图右上角显示了集中趋势"均值"和离散程度"标准差"的值。实际报告中可以把图

5.15与图5.11的数量结果放置在一起汇报。

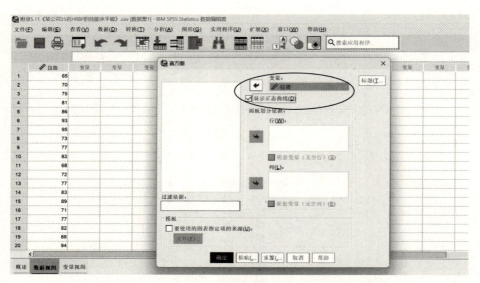

图5.15　SPSS中移入数据及勾选显示正态曲线的路径

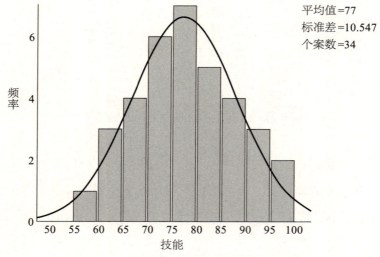

图5.16　某公司35名HRBP技能的直方图

第四节　用样本估计员工总体的均值

一、样本均值的抽样分布

如果能够获取员工总体的全部数据，那么只需要做上述第一节～第三节的统计描述就可以得到员工总体的技能特征。但在实际工作中，当员工总体的个体数量很多时，不能对总体的每个个体员工都做测量（实际上也没有必要），此时就从总体中抽取一部分个体作为样本，然后通过样本信息来推断总体的特征。通过样本来推断总体的方法叫作**统计推断**，它包含两大部分，估计理论和假设检验[①]。本小节介绍估计理论，第六章介绍假设检验。

我们从规模为 N 的员工总体中抽取样本量为 n 的员工样本，在不重复抽样的情况下，理论上可以获取的样本有 C_N^n 个。在这 C_N^n 个样本中，每个样本都有对应的样本技能均值 $\overline{X}$、标准差 S 和方差 S^2，而且这些样本技能特征值各不相同。但在实际工作中我们无法去抽样 C_N^n 次，只能抽样 1 次，即只能获取 C_N^n 个样本中的任意 1 个样本，然后用这 1 个样本量为 n 的样本的技能特征值去代表规模为 N 的员工总体的技能特征值。如此，就带来一个问题，我们怎么能保证这个样本的技能特征值就能代表总体的技能特征值呢，样本又能多大程度地代表总体呢？这个问题的前半部分在第三章中

[①] 费希尔（Ronald Aylmer Fisher, 1890—1962），把抽样分布、估计理论和假设检验作为统计推断的三个中心内容。他是英国统计学家、生物进化学家、数学家、遗传学家和优生学家，现代统计科学的奠基人之一。

通过样本代表性和抽样解决了；针对后半部分的问题，接下来从抽样分布的角度来说明。

在规模为 N 的总体中，抽取样本量为 n 的样本（ $n \geqslant 30$ ），不重复抽样时可以获取样本 C_N^n 个，得到 C_N^n 个均值 $\overline{X}$ 、标准差 S 、方差 S^2 。以 C_N^n 个均值 $\overline{X}$ 为例，根据大数定律和中心极限定理，这些样本均值 $\overline{X}$ 的分布近似服从以总体均值[①] μ 为中心、方差[②]为 $\dfrac{\sigma^2}{n}$ 的正态分布，即在 C_N^n 个均值 $\overline{X}$ 中，有 68.26% 的均值 $\overline{X}$ 分布在以总体均值为 μ 中心的一个标准差 $\dfrac{|\sigma|}{\sqrt{n}}$ 的范围内，中心两边各占比 34.13%；有 95.44% 的均值 $\overline{X}$ 分布在以总体均值 μ 为中心的两个标准差 $\left(2 \times \dfrac{|\sigma|}{\sqrt{n}} \right)$ 的范围内，中心两边各占比 47.72%；有 99.74% 的均值 $\overline{X}$ 分布在以总体均值为中心的三个标准差 $\left(3 \times \dfrac{|\sigma|}{\sqrt{n}} \right)$ 的范围内，中心两边各占比 49.87%。如图 5.17 样本均值的抽样分布（ $n \geqslant 30$ ）。

[①] 用样本的均值 $\overline{X}$ 、标准差 S 、方差 S^2 估计总体，统计学中样本和总体各个值的符号不同。例如样本均值符号为 $\overline{X}$ ，总体均值为 μ ；样本标准差为 S ，总体标准差为 σ ；样本方差为 S^2 ，总体方差为 σ^2 。本文在不影响描述和推论结果的前提下，为简化信息，在第六章和第七章没有做符号区分。

[②] 总体均值为 μ 只有一个，样本均值 $\overline{X}$ 有 C_N^n 个， C_N^n 个样本均值的方差是总体方差 σ^2 的 $\dfrac{1}{n}$ 。我们期望样本均值 $\overline{X}$ 能尽可能地与总体均值 μ 相同。

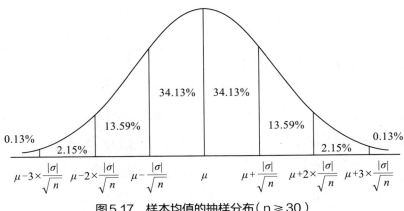

图5.17　样本均值的抽样分布（n ≥ 30 ）

如此，可以说任意一个样本的均值$\overline{X}$有 **68.26%** 的概率落在以总体均值μ为中心的一个标准值的范围内，有 **95.44%** 的概率落在两个标准值的范围内，有 **99.74%** 的概率落在3个标准值的范围内。自然界和人类社会中有很多这种分布规律，这种正态分布规律在企业的生产和管理实践中广泛存在着。例如，公司的月销售量围绕平均月销量上下波动，产品质量围绕平均质量上下波动，员工绩效围绕平均绩效上下波动，员工的技能水平围绕平均技能上下波动，著名的六西格玛质量管理[1]体系也正是建立在这个正态分布的原理上的。

除了样本均值$\overline{X}$的分布，样本值标准差S、方差S^2符合卡方分布[2]，此处略。通过样本信息来推断总体的特征，就是建立在这些抽样分布特征的基础上的。

---

[1]　六西格玛质量管理中，6σ的质量水准意味着产品的合格率达到 **99.999 999 8%**，即产品的次品率是十亿分之二。

[2]　统计三大分布：卡方分布、t分布、F分布。

二、用样本均值估计总体

用样本估计总体的方法有两种：点估计和区间估计。

点估计是指用样本的数据指标值直接作为总体的特征值的估计方法。例如，某公司全国3000名销售中，从华东、华北、华南、华中、华西各随机抽取30名销售组成一个150人的样本，用这150人的均值直接代表全国3000名销售的均值。但是，用这随机抽取的150人的均值，可能不同于全国3000人的真实均值，因此，在用点估计时，还需要给出点估计值的可靠性，即样本各值能代表总体各值的程度，这就需要区间估计。

区间估计是在点估计的基础上，给出总体各值估计的一个区间范围的估计方法。

根据图5.16样本均值抽样分布的原理推算，有90%的样本的均值分布在以总体均值为中心的1.645个标准差$\left(1.645 \times \dfrac{|\sigma|}{\sqrt{n}}\right)$的范围内，有95%的样本的均值分布在以总体均值为中心的1.96个标准差$\left(1.96 \times \dfrac{|\sigma|}{\sqrt{n}}\right)$的范围内，有99%的样本的均值分布在以总体均值为中心的2.58个标准差$\left(2.58 \times \dfrac{|\sigma|}{\sqrt{n}}\right)$的范围内。如图5.18样本均值的抽样分布（$n \geqslant 30$）。

下面以95%这个概率举例说明置信区间。由于某一个样本均值$\overline{X}_l$到总体均值μ的距离也是总体均值μ到该样本均值$\overline{X}_l$的距离，因此可以说，总体均值μ被包含在以某个样本均值$\overline{X}_l$为中心的1.96个标准差$\left(1.96 \times \dfrac{|\sigma|}{\sqrt{n}}\right)$的范围内概率是95%。可以理解为在100次抽样中，有95次以样本均值$\overline{X}$为中心的1.96个标准差的范围是包含总体均值的，另外5

次是不包含的，统计学把这95次包含总体均值的、以样本均值$\overline{X}$为中心1.96个标准差的范围值叫作置信区间，其中，区间的最小值称为置信下限，区间的最大值称为置信上限。例如总体均值的20个置信区间，中间的横线代表总体唯一均值μ，纵向的20个竖线代表20个样本均值$\overline{X}$为中心的1.96个标准差的范围（竖线中间的点是样本均值，上面的点是该均值加1.96个标准差，是置信上限；下面的点是该均值减去1.96个标准差，是置信下限）。在这20个以样本均值$\overline{X}$为中心的1.96个标准差的区间中，有19个区间是包含总体均值μ的，有1个不包含，即95%的区间包含总体均值μ（见图5.19）。

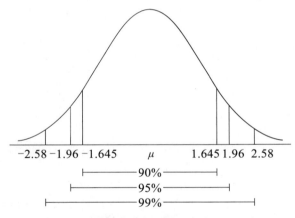

图5.18　样本均值的抽样分布（$n \geqslant 30$）

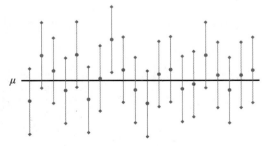

图5.19　总体均值μ的20个置信区间

在统计学中，把95%这个比例叫作置信水平。**置信水平**是指包含总体真值的概率（包含总体真值次数的比例）。我们可以用所希望的任意值作为置信水平，统计学中最常用的是90%、95%、99%这三个置信水平，由于这三个概率对应的标准值（Z值）分别是1.645、1.96、2.58，因此这三个置信水平对应的置信区间就分别是以样本均值为中心的1.645倍、1.96倍、2.58倍标准差$\left(\dfrac{|\sigma|}{\sqrt{n}}\right)$的上限和下限。此处给出置信区间的正式定义，**置信区间**是指在一定置信水平值下用样本估计总体时所构造的估计区间（置信下限～置信上限）。以95%置信水平为例，说明一定置信水平下点估计值与置信区间的关系（见图5.20）。

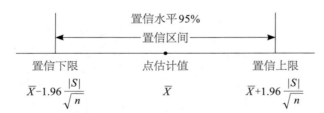

图5.20　95%置信水平下点估计值与置信区间的关系

总体均值的区间估计常用的置信水平及其对应置信区间见表5.15。由不同置信水平的置信区间可知，当置信水平越高时，此时的置信区间越大，样本对总体的估计越可靠，但样本对总体的估计精度降低；当置信水平降低时，此时的置信区间减小，样本对总体的估计精度提高，但可靠性降低。

下面举例说明用样本估计总体的点估计和区间估计方法。

例如，某工程设备贸易型公司通过构建业务经理的绩效"设备销售额"与员工技能的模型，发现当员工技能低于60分时，员工几乎不产生绩效，当员工技能达到60分后，绩效随员工技能水平的提升也同步提升

（该工程设备公司绩效与技能的模型图见图7.26）。因此，该公司业务总监要求培训部门能在一年时间内，把技能水平未达60分的在职及新入职的业务员的平均技能提升到60分，以让他们在一年后能产出绩效。培训经理接此任务，针对200名业务员做了为期一年的培训项目，然后随机抽取了30名员工作为样本，并使用基于工作行为的精益测量表对样本进行了技能水平打分（见表5.16）。请问这名培训经理完成业务总监交办的培训任务了吗？

表5.15　总体均值区间估计常用的置信水平及其对应置信区间

置信水平	标准值Z值	置信区间（下限）	置信区间（上限）
90%	1.645	$\overline{X}-1.645\dfrac{|S|}{\sqrt{n}}$	$\overline{X}+1.645\dfrac{|S|}{\sqrt{n}}$
95%	1.96	$\overline{X}-1.96\dfrac{|S|}{\sqrt{n}}$	$\overline{X}+1.96\dfrac{|S|}{\sqrt{n}}$
99%	2.58	$\overline{X}-2.58\dfrac{|S|}{\sqrt{n}}$	$\overline{X}-2.58\dfrac{|S|}{\sqrt{n}}$

表中$\overline{X}$、S分别是某一样本的均值、标准差。当为大样本时，σ近似于S。

表5.16　30名业务员经过一年培训后的技能水平

78.8	66.4	51.5	69.8	69.3	53.8	68.5	68.2	67.9	67.6
66.8	75.2	65.3	50.5	64.7	68.8	73.6	63.5	63	62.4
62.2	61.7	71.6	61.2	60.9	60.2	60.1	54.4	65.1	64.5

使用表5.14的公式计算置信区间比较烦琐，接下来我们分4步骤使用SPSS软件计算点估计值和置信区间。

第一步，检查异常值。通过箱型图结果显示，这30个数据无异常值，均可以使用（见图5.21）。

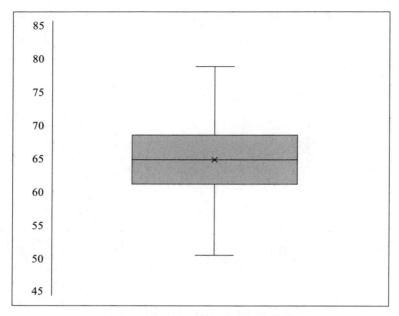

图5.21 30名业务员技能水平的箱型图

第二步，检查正态性。通过正态性检验结果显示，这30个数据近似正态分布，符合用样本均值估计总体的前提假设（见图5.22）。

正态性检验

	柯尔莫戈洛夫-斯米诺夫[a]			夏皮洛-威尔克		
	统计	自由度	显著性	统计	自由度	显著性
技能	0.114	30	0.200[*]	0.973	30	0.625

[*]. 这是真显著性的下限。

[a]. 里利氏显著性修正。

图5.22 30名业务员技能水平的正态性检验

第三步，选择置信水平，计算置信区间。计算置信区间的路径为"分析→描述统计（E）→探索（E）"。把技能移入变量，点开"统计（S）"

功能框,从90%、95%、99%三个常用置信水平中选择一个填写在弹出框中的"均值的置信区间"中(系统默认的置信水平是95%),先点击"继续"按钮后点击"确定"按钮(见图5.23)。

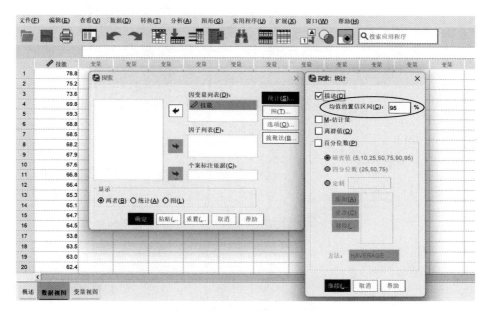

图5.23 计算置信区间的路径

第四步,读取数据。在SPSS输出文档中读取数据,计算结果见图5.24。由图可知该公司200名业务员技能水平均值的95%的置信区间是62.135 ~ 67.031分,即在95%的置信水平下,该公司200名业务员总体的技能水平均值在62.135 ~ 67.031分。培训经理完成了业务总监交办的培训任务。

描述

			统计	标准 错误
	平均值		64.583	1.1969
	平均值的95%置信区间	下限	62.135	
		上限	67.031	
	5%剪除后平均值		64.624	
	中位数		64.900	
	方差		42.979	
技能	标准 偏差		6.5559	
	最小值		50.5	
	最大值		78.8	
	全距		28.3	
	四分位距		7.5	
	偏度		−0.262	0.427
	峰度		0.312	0.833

图5.24 置信区间计算结果

本章总结

　　员工技能的3类特征分别是集中趋势、离散程度和分布形状。技能集中趋势的代表性数据指标是均值和中位数；离散程度的代表性数据指标是全距、标准差、方差和标准差系数；分布形状是以偏度和峰度衡量，数据分布会呈现出正偏态、负偏态、扁平状和尖峰状的形状。

　　根据大数定律和中心极限定理，当样本量 $n \geqslant 30$ 时，技能均值近似服从正态分布，可以从概率分布的角度使用样本的技能均值估计总体。使用样本技能均值估计总体的方法有两种：点估计和区间估计。点估计法提供具体的估计值，区间估计保障估计的可靠性。

6

第六章

检验员工技能提升的显著性

本章你将学到的内容

◎ 推论统计中的另一种方法假设检验及其原理。

◎ 3种假设检验的方法，分别是：员工培训后与培训前技能水平差异的
显著性检验，两个不同员工群体技能水平差异的显著性检验，3个
（及以上）相互独立的员工群体的技能水平的差异显著性检验。

第一节　技能差异假设检验及其显著性

一、假设检验

　　培训管理员张三运营了一个培训项目，在开展这个项目前，他从待参训的100名员工中抽取30名员工做了技能水平前测，平均分是65分；在完成这个项目后，他再次针对这30名员工做了后测，平均分是72分。请问是否可以100%绝对地认定，张三的这个培训项目提升了这100名员工的技能？又一个培训管理员李四也运营了一个培训项目，他没有做前测，而是在完成这个项目后，选取了参训的35名员工做了技能水平测验，得到78分的平均分。同时，他选择了另外未参加培训的35名员工作为对照组，并对对照组做了同样的技能测验，得到69分的平均分。请问是否可以100%毋庸置疑地认定，李四的这个培训项目提升了参加过培训的员工的技能？

　　答案是：不能。因为你的结论是错误的可能性始终存在，不论这个可能性有多小。为什么呢？原因有很多。例如，张三的这一批学员中，可能有几个学员的带教导师参加过考试命题，这几名学员在考试前得到过针对性的强化训练，而这一批学员刚好被张三抽取作为样本；李四选择作为对照组的员工中，也有可能是恰巧有几名是新进公司才半年、尚在学习中的员工，他们拉低了对照组的平均分。

　　那怎么证明员工的技能整体提升是由于培训达到的，而不是因为其他随机因素造成成绩差异导致的呢？我们需要用到假设检验的方法。培训中的**假设检验**是指针对员工的技能水平，先假设员工整体没有发生变化，然后利用样本提供的信息对该假设的真伪做出判断的过程。假设检验的基本原理是小概率原理，即概率很小的事件在一次实践中几乎不会发生。例如，上街遇到车祸是小概率事件，人们深信在一次逛街活动中几乎遇不上车祸。又例如，如果某个商品的次品率很低，则几乎不可能买到一件商品刚好是次品，反之，如果买到的是一件次品，人们一定会认为该商品的次品率很高。回到培训场景，我们先假设员工的技能水平没有发生变化（例如，培训后与培训前的技能水平一样），然后去挑选一个样本，如果该样本表明员工的技能水平有变化（例如，培训后比培训前的技能水平高），此时我们怀疑"员工的技能水平没有发生变化"这个假设的正确性，进而拒绝该假设并选择其对立面"员工的技能水平发生了变化"；如果该样本表明员工的技能水平确实没有发生变化（例如，培训后与培训前的技能水平一样），此时我们接受假设的正确性。这个过程就是运用小概率原理做培训效果的假设检验。

在上述培训场景的假设检验中，我们发现有两种情况：第一种是"员工的技能水平没有发生变化"；第二种为第一种的对立面，即"员工的技能水平发生了变化"。在数理统计中，把第一种情况叫作零假设，把第二种情况叫作研究假设，这两种情况构成一个完整的统计假设。现在分别解释两个假设的具体含义，**零假设**是指没有充分理由就不能轻易加以否定的命题，是人们希望证明其错误的假设，用 H_0 表示。零假设的作用是提供一个比较的基准与起点。在培训场景中，我们通常用"员工的技能水平没有发生变化"作为零假设。**研究假设**是指与零假设对立的假设，用 H_1 表示，通常也叫作备择假设、对立假设。在培训场景中，我们通常用"员工的技能水平发生了变化"作为研究假设。零假设与研究假设的关系是对立的，非此即彼。

研究假设分为两种形式，有方向的研究假设和无方向的研究假设。

培训中的**有方向的研究假设**是指员工群体间的技能水平有差异且差异方向确定，用">""<"表示，例如"培训后的员工的技能水平高于培训前""培训过的员工的技能水平高于没培训的"。有方向的研究假设又叫单侧假设。培训中的**无方向的研究假设**是指员工群体间的技能水平有差异但差异方向不确定，用"≠"表示，例如"培训后的员工的技能水平与培训前的不一样""培训过的员工的技能水平与没培训的不一样"。无方向的研究假设又叫双侧假设。以下是培训中常见的零假设和研究假设（见表6.1）。

表6.1　培训中常见的零假设和研究假设

样本	场景	零假设	研究假设
针对同一个样本	同一批员工培训前和培训后（前测和后测）	H_0: $\overline{X}_{培训后} = \overline{X}_{培训前}$	H_1: $\overline{X}_{培训后} > \overline{X}_{培训前}$
针对不同的两个样本（对照组）	样本A培训，样本B不培训	H_0: $\overline{X}_{培训} = \overline{X}_{不培训}$	H_1: $\overline{X}_{培训} > \overline{X}_{不培训}$
	样本A使用方案1培训，样本B使用方案2	H_0: $\overline{X}_{方案1} = \overline{X}_{方案2}$	H_1: $\overline{X}_{方案1} \neq \overline{X}_{方案2}$
	样本A是去年的方案培训的，样本B是今年改善后的方案	H_0: $\overline{X}_{今年改善后的方案} = \overline{X}_{去年的方案}$	H_1: $\overline{X}_{今年改善后的方案} > \overline{X}_{去年的方案}$

二、两类错误和显著性水平

我们无法知道零假设的真伪，即不知道两个群体之间（员工培训后与培训前之间、经过培训的员工与未经培训的员工之间、使用方案一培训的员工和使用方案二培训的员工之间、使用今年培训方案的员工和使用去年培训方案的员工之间）是真的存在或者不存在差异，因为我们没有检验总体或者大部分情况下我们无法检验总体。这样，在我们接受或者拒绝两个群体之间是否存在差异时具体分为4种情况（见表6.2）。

表6.2 假设检验中4种可能的情况

零假设的性质	可能的选择	
	接受	拒绝
零假设是真实的	正确决策	弃真错误
零假设是虚假的	取伪错误	正确决策

表6.2理解为：当零假设真实时，即两个群体之间真实不存在差异时，我们对两个群体之间是否存在差异也是如此下判断时，就做了正确的决策；但当零假设真实时，我们却说两个群体之间存在差异，这就是犯了**"弃真错误"，又叫第Ⅰ类错误或 α 错误**。当零假设虚假时，即两个群体之间真实存在差异时，我们确实也下了两个群体之间存在差异的判断，即拒绝零假设，此时也是做了正确的决策；但当零假设虚假时，我们却说两个群体之间不存在差异，这就是犯了"取伪错误"，又叫**第Ⅱ类错误或 β 错误**。下面举例说明弃真错误和取伪错误。

例如，某国有银行江苏省分行采用方案一培训员工，福建省分行采用方案二培训员工，现在人力资源总部想知道两个方案下培训的员工有没有差异。如果采用方案一培训的员工群体和采用方案二培训的员工群体之间没有差异（零假设为真），人力资源总部也是给予两种方案下的员工技能没有差异的判断，此时人力资源总部做了正确的决策；但是如果人力资源总部向上汇报时说两个员工群体之间有差异，此时就犯了弃真错误。

另外，如果采用两种方案培训的员工群体之间有真实差异（零假设为假），人力资源总部也下了两种方案下的员工技能有差异的判断，此时人力资源总部做了正确的决策；但是如果人力资源总部说两个员工群体之间没有差异，此时就犯了取伪错误。

在统计学中，把犯弃真错误的概率用 α 表示，那么，如果零假设为真，我们没有拒绝零假设（接受了零假设），即做出正确的决策，其概率为 $1-\alpha$。统计学把犯取伪错误的概率用 β 表示，那么，如果零假设为假，我们拒绝了零假设，此时也做出了正确的决策，其概率为 $1-\beta$。因此，假设检验中 4 种可能的结果的概率如表 6.3。

表6.3　假设检验中 4 种可能结果的概率

零假设的性质	可能的选择	
	接受	拒绝
零假设为真	$1-\alpha$	α
零假设为假	β	$1-\beta$

自然，人们希望犯两类错误的概率越小越好，但是对于一定的样本量 n，不能同时做到犯两类错误的概率都很小。如果减少弃真错误（α 降低），就会增大取伪错误的机会（β 增加）；若减少取伪错误（β 降低），就会增大犯弃真错误的机会（α 增加）[1]。因此假设检验中选择控制犯错危害更大的弃真错误为首要的目标，即降低 α，这个 α 就是显著性水平。因此，**显著性水平**（α）是指零假设为真的情况下，拒绝了零假设而选择研究假设，犯弃真错误的概率。用零假设成立时犯弃真错误的概率不超过 α 的假设检验就是**显著性检验**。

假设检验运用的是小概率原理，那么 α 是多少，我们才认定犯弃真错误这种风险是可以承担的呢？统计学中，常见的显著性水平是 0.1、0.05、0.01 这 3 种，即当零假设为真，我们拒绝零假设而选择了研究假设，可能犯这类弃真错误的最高概率是 0.1 或 0.05 或 0.01，而不可能犯这类错误的概率是 90% 或 95% 或 99%。例如，显著性水平在 0.05，当员工在培训后和培训前的群体技能水平没有差异时（零假设），而我们说有差异，犯此

---

① 使 α 和 β 同时变小的方法是增加样本量。

类错误的概率不超过5%，而不犯这类错误的概率是95%。相比于95%，5%这个概率的风险是可以承担的。由此，推导出显著性检验的步骤。

（1）根据实际问题提出零假设和研究假设。

（2）根据样本类型选择检验类型。本章介绍培训场景中常见的3类检验类型，分别是配对样本T检验、独立样本T检验、简单方差分析。配对样本T检验用于员工培训后和培训前技能水平差异的显著性检验，独立样本T检验用于两个不同员工群体技能水平差异的显著性检验，简单方差分析用于3个（及以上）相互独立的员工群体的技能水平的差异显著性检验。

（3）选择显著性水平α，确定对应检验类型下的拒绝零假设所需要的临界值。

（4）通过样本数据计算某个检验值。

（5）比较样本数据检验值与临界值，如果检验值大于临界值，表示随机抽样的样本检验值超出了显著性水平α这个小概率范围内的值，此时说明零假设错误，要拒绝零假设而选择研究假设，且此时我们犯弃真错误的风险概率低于5%；反之，如果检验值小于临界值，表示样本检验值属于α概率范围内出现的值，此时接受零假设。由于是α是一个通用的风险概率域，例如当$\alpha = 0.05$时，实际指的是犯弃真错误的概率是$0 \sim 0.05$中的任何一个值，因为不同的显著性检验所承担的实际风险是不同的，为了更精确地反映犯弃真错误的风险值，把显著性检验中承担的实际风险概率称为P值。

根据研究假设的两种形式，又把显著性检验分为双侧（双尾）检验和单侧（单尾）检验。当研究假设是无方向时，使用双侧检验；当研究假设是有方向时，使用单侧检验。

关于显著性水平，有两点需要注意。

（1）显著性水平针对的对象是群体，而非某一个个体。例如，培训后的群体的技能水平与培训前的群体的差异，培训过的群体的技能水平与没培训过的群体的差异，而不能取员工A培训后的技能水平与培训前的做技能水平差异比较，也不能取培训过的员工A的技能水平与没培训过的员工B做技能水平差异比较。

（2）显著性水平不能理解为犯弃真错误的次数或比率。例如，α为0.05不能理解为对零假设的100次检验犯了5次错误，或者犯了总数5%的错误，而应该是任何一次零假设中，只有5%的可能性是零假设为真。

下面逐节介绍培训场景中常见的3类检验类型：配对样本T检验、独立样本T检验、简单方差分析。

第二节　配对样本 T 检验

一、定义、计算公式和检验6步骤

配对样本T检验是指相同的群体在两种不同的条件下进行相同测试，进而推断两种不同的条件下群体均值是否存在显著差异的假设检验。在培训场景中，指的是对同一批员工进行培训后和培训前测试，即前测和后测，产生了前测结果和后测结果两组数据，研究这两组数据之间是否存在显著差异就是假设检验。

配对样本T检验的检验值是t值。其计算公式如下：

$$t = \frac{\sum(X_{后测}-X_{前测})}{\sqrt{\dfrac{n\sum(X_{后测}-X_{前测})^2-(\sum(X_{后测}-X_{前测}))^2}{n-1}}}$$

其中，$(X_{后测}-X_{前测})$每一个个体后测结果减去前测结果，$\sum(X_{后测}-X_{前测})$表示样本后测与前测数据差异的总和，$\sum(X_{后测}-X_{前测})^2$表示样本后测与前测数据差异的平方和，$(\sum(X_{后测}-X_{前测}))^2$表示样本后测与前测数据差异的和的平方，n表示样本量。

下面通过一个例子，来说明配对样本T检验的6步骤。

例1：某家电公司培训部针对在职的结构工程师开展"制订技术方案"的培训项目。为了检验培训的效果，在培训前，该培训部抽取了30名工程师作为样本进行前测。在执行完成为期1年的综合学习方案培训项目后，再次取这30名工程师进行后测。以下是30名工程师关于制订技术方案这个典型工作任务的技能水平的前测和后测数据（见表6.4）。请问该培训部组织的培训项目，是否显著提升了该公司结构工程师的技能水平？

表6.4　某公司工程师制订技术方案技能水平的前测和后测数据

员工代号	前测成绩	后测成绩	员工代号	前测成绩	后测成绩	员工代号	前测成绩	后测成绩
1	5	8	11	8	9	21	5	7
2	7	8	12	6	8	22	3	7
3	8	7	13	7	6	23	3	8
4	9	4	14	4	6	24	8	8
5	5	9	15	6	9	25	5	9
6	8	4	16	7	9	26	5	6
7	7	9	17	7	8	27	7	6
8	9	8	18	5	8	28	8	10
9	6	7	19	7	6	29	4	6
10	7	5	20	6	10	30	3	7

以下我们根据配对样本T检验的6步骤来检验上述家电公司培训部组织的培训项目的效果。

第一步，描述零假设和研究假设。零假设表示这30名工程师群体培训后和培训前的成绩均值没有差异，研究假设则是工程师培训后的成绩高于培训前。因此，如下表示：

$$零假设　H_0：\overline{X}_{培训后}=\overline{X}_{培训前}$$
$$研究假设　H_1：\overline{X}_{培训后}>\overline{X}_{培训前}$$

第二步，选择零假设的显著性水平。显著性水平表示零假设为真，但拒绝零假设而选择研究假设的"弃真"错误的犯错概率水平。统计学中显著性水平取0.1、0.05、0.01均可以，这由检验者自行决定。笔者选择显著性水平0.05这个概率。

第三步，计算检验值。根据配对样本T检验的计算公式，计算例1中前测和后测的检验值，$t = \dfrac{37}{\sqrt{\dfrac{30*215-37^2}{30-1}}} = 2.795$。计算过程数据见表6.5。

表6.5　前测和后测的差异的总和及平方和

员工代号	前测成绩	后测成绩	差异 （X后测−X前测）	差异的平方
1	5	8	3	9
2	7	8	1	1
3	8	7	−1	1
4	9	4	−5	25
5	5	9	4	16
6	8	4	−4	16
7	7	9	2	4
8	9	8	−1	1
9	6	7	1	1
10	7	5	−2	4
11	8	9	1	1
12	6	8	2	4
13	7	6	−1	1
14	4	6	2	4
15	6	9	3	9
16	7	9	2	4
17	7	8	1	1
18	5	8	3	9
19	7	6	−1	1
20	6	10	4	16
21	5	7	2	4
22	3	7	4	16
23	3	8	5	25
24	8	8	0	0
25	5	9	4	16
26	5	6	1	1
27	7	6	−1	1
28	8	10	2	4
29	4	6	2	4
30	3	7	4	16
总和	185	222	37	215
均值	6.17	7.4		

第四步，查询 T 检验的临界值。先计算例子中样本量下的自由度（ df ）[①] 为 29（30-1=29），再根据附录 A "拒绝零假设需要的 t 值" 查询 t 值检验的临界值[②]，查询 df = 29、 α = 0.05 的单侧检验 t 值临界值是 1.699。

单侧检验 t 值 1.699 表明，在有方向的研究假设中，当实际值大于 1.699 时，则不能接受零假设，而应该选择研究假设，即培训后与培训前员工技能水平的任何差异不是由随机因素引起的随机结果，而是由培训因素引起的；当实际值小于 1.699 时，则接受零假设而拒绝研究假设，即培训后与培训前员工技能水平的任何差异是由偶然因素或者我们没有控制的因素引起的。

第五步，比较检验值和临界值。 t = 2.795，大于临界值 1.699。

第六步，判断，下结论。实际值大于临界值，表明培训后与培训前员工技能水平的任何差异是由培训因素引起的，而不是偶然因素或者我们没有控制的因素引起的，可以表示为：

$$t_{(29)}=2.795，P<0.05$$

其中， t 是检验值，例 1 中为 2.795，29 是自由度数值， $P<0.05$ 表示对于零假设的任何检验来说，后测成绩的均值大于前测成绩的均值是由于偶然因素的可能性小于 5%，因此，我们可以说由培训引起了员工前测和后测成绩的任何差异，且该差异具有显著性。

---

① **自由度**（df）是指计算某一统计量时，取值不受限制的变量个数。通常 $df = n - k$，其中 n 为样本量， k 为被限制的变量个数。在配对样本 T 检验中， $df = n-1$，其中 n 为样本量。

② **临界值**是指拒绝零假设需要的值。如果实际值大于临界值，则不能接受零假设，而应该选择研究假设，即当实际值大于临界值时，任何差异不是随机因素引起的随机结果，而是由处理因素引起的。如果实际值小于临界值，则接受零假设，而拒绝研究假设，即当实际值小于临界值时，我们不能表明差异是由偶然因素之外的因素（例如培训）引起的，那么差异一定是由偶然因素或者没有掌握的因素引起的。

二、使用SPSS计算t值

用公式计算待检验的t值，比较烦琐。下面我们借助SPSS软件执行t值计算过程。总共分为4个步骤，如下。

（1）打开数据。在SPSS中打开数据表"某家电公司结构工程师培训前测与后测成绩"（附录6.2），打开数据的位置及打开后的数据图像如图6.1。

图6.1　SPSS中打开数据的位置及数据图像

（2）点击配对样本T检验功能。点击的路径为"分析→比较平均值和比例→配对样本T检验①"。点击路径如图6.2。

图6.2　SPSS中点击配对样本T检验功能的路径

（3）移入数据。把后测成绩移入变量1，把前测数据移入变量2，点击确定。移入数据②的路径如图6.3。

（4）读取数据。在SPSS输出文档中读取数据，可以看到$t_{(29)}=2.795$，单侧$P=0.005$（$P<0.05$）。配对样本T检验计算结果见图6.4。

---

① 有的SPSS软件叫作"成对样本T检验"。

② SPSS中，配对数据T检验的t值计算是变量1减去变量2，因此针对单侧、有方向的研究假设中的数据，将数值大的移入变量1中，将数值小的移入变量2中。

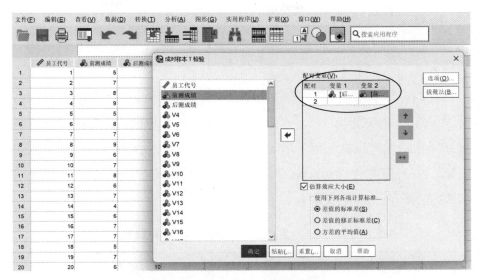

图6.3　SPSS中移入数据的路径

成对样本统计

		均值	N	标准差	标准误差平均值
配对1	后测成绩	7.40	30	1.589	0.290
	前测成绩	6.17	30	1.724	0.315

成对样本相关性

			显著性	
	N	相关性	单侧P	双侧P
配对1　后测成绩＆前测成绩	30	−0.063	0.371	0.741

成对样本检验

	配对差值					显著性			
	均值	标准差	标准误差平均值	差值95%置信区间 下限	上限	t	自由度	单侧P	双侧P
配对1　后测成绩－前测成绩	1.233	2.417	0.441	0.331	2.136	2.795	29	0.005	0.009

图6.4　配对样本T检验计算结果

配对样本T检验除了可以运用于培训前和培训后员工技能水平的差异的检验，也可以运用于培训前和培训后员工绩效水平的差异的检验，如下面例2。

例2：某电商公司的客户满意度下滑，于是该公司培训部针对员工开展了客户服务技巧的培训，然后选择30名员工培训前的客户满意度数据和培训后的数据做假设检验，以确定该培训是否是影响客户满意度的因素。30名员工培训前和培训后的客户满意度数据如表6.6，请大家使用SPSS完成分析（数据见附录6.4）。

表6.6　某电商公司员工培训前和培训后的客户满意度数据

前测	后测	前测	后测	前测	后测
1.4	7.2	9.5	9.4	1.2	6.4
2.7	8.6	4.8	8.6	6.1	7.6
2.5	5.3	7.3	7.6	7.7	8
8.9	7.9	8.3	9.2	6.1	6.1
8.5	6.2	9.9	7.9	6.8	6.4
5.5	8.7	8.3	8.6	7.7	7.4
7.7	6.2	9.1	6.6	7.5	5.9
8.5	8.5	4.9	5.7	8	7.1
5.7	7.7	4.7	3.9	6.1	6.6
9.9	7.9	5.9	6.2	5.7	4

通过SPSS分析，得知虽然该公司培训前员工的客户满意度均值为6.56，培训后是7.11，但是假设检验结果 $t_{(29)} = 1.294$，单侧 $P = 0.103$，可知员工前后测的客户满意度差异不显著，随机因素是观察到的员工前后测任何差异的最有力的解释。

第三节　独立样本 T 检验

一、定义、计算公式和检验6步骤

独立样本 T 检验是指两个相互独立的群体进行相同测试，进而推断两个群体均值是否存在显著差异的假设检验。在培训场景中，指的是两批不同的员工参加同一个测试，每批员工测试1次，产生了第一批员工测试结果和第二批员工测试结果共2组数据，这2组数据之间是否存在显著差异的假设检验。培训中常见的独立样本 T 检验的样本有3种情况：（1）样本 A 参加过培训，样本 B 未培训；（2）样本 A 使用方案1培训，样本 B 使用方案2培训；（3）样本 A 是使用去年的方案培训的，样本 B 是今年改善后的方案培训的。

独立样本 T 检验的检验值也是 t 值，但由于该检验的对象是两个独立的样本，因此其 t 值计算公式与配对样本的不同。其计算公式如下：

$$t = \frac{\bar{X}_1 - \bar{X}_2}{\sqrt{\left(\dfrac{(n_1-1)S_1^2 + (n_2-1)S_2^2}{n_1 + n_2 - 2}\right)\left(\dfrac{n_1 + n_2}{n_1 n_2}\right)}}$$

其中，$\bar{X}_1$ 是群体1的均值，$\bar{X}_2$ 是群体2的均值，n_1 是群体1的数量（样本量1），n_2 是群体2的数量（样本量2），S_1^2 是群体1的方差，S_2^2 是群体2的方差。

下面也通过一个例子，来说明独立样本 T 检验的6步骤。

例3：某国有银行人力资源总部年初针对客户经理下达了统一的考核标准，并要求各省分行自行组织本分行客户经理的培训工作。年底，人力资源总部从江苏省分行（采用方案1培养员工）和福建省分行（采用方案2培养员工）各选择了一批员工作为样本，测量两种方案培养下的员工技能水平的差异性（见表6.7）。

表6.7　某银行江苏省分行和福建省分行员工的成绩

江苏省分行40名员工的成绩				福建省分行30名员工的成绩		
89	79	57	67	62	60	76
91	81	73	74	83	96	64
76	81	87	95	70	73	51
65	67	88	77	73	59	63
73	78	76	68	57	91	75
56	75	71	79	67	70	78
78	84	72	82	61	72	81
66	87	92	84	78	62	61
87	91	80	87	85	90	74
93	76	83	90	64	58	65

以下我们根据独立样本T检验的6步骤来比较两个省分行的培训项目的效果。

第一步，描述零假设和研究假设。零假设表示两个省分行的员工成绩均值没有差异，研究假设则是两个省分行的员工成绩均值有差异。因此，如下表示：

$$零假设　　H_0: \overline{X}_{江苏行} = \overline{X}_{福建行}$$

$$研究假设　　H_1: \overline{X}_{江苏行} \neq \overline{X}_{福建行}$$

第二步，选择零假设的显著性水平。显著性水平表示零假设为真，但拒绝零假设而选择研究假设的"弃真"错误的犯错概率水平，由检验者自行决定。笔者选择显著性水平0.05这个概率。

第三步，计算检验值。根据独立样本 T 检验的计算公式，计算两个省分行的员工成绩均值的差异显著性的检验值，

$$t = \frac{78.88 - 70.63}{\sqrt{\left(\frac{(40-1)*92.215 + (30-1)*123.689}{40+30-2}\right)\left(\frac{40+30}{4030}\right)}} = 3.323$$。计算过程见表6.8。

表6.8　两个省分行的员工成绩均值、方差和样本量

$\overline{X}_{江苏行}$	78.88
$\overline{X}_{福建行}$	70.63
$s^2_{江苏行}$	92.215
$s^2_{福建行}$	123.689
$n_{江苏行}$	40
$n_{福建行}$	30

第四步，查询 T 检验的临界值。先计算例子中样本量下的自由度（df）[①]为 68（40+30-2=68），再根据附录 A "拒绝零假设需要的 t 值" 查询 t 值检验的临界值，查询 df=68、α=0.05 的双侧检验 t 值是 1.995。

双侧检验 t 值 1.995 表明，在无方向的研究假设中，当实际值大于 1.995 时，则不能接受零假设，而应该选择研究假设，即两个省分行的员工成绩均值的任何差异不是由随机因素引起的随机结果，而是由培训因素引起的；当实际值小于 1.995 时，则接受零假设而拒绝研究假设，即两个省分行的员工成绩均值的任何差异是由偶然因素或者我们没有控制的因素引起的。

第五步，比较检验值和临界值。t=3.323，大于临界值 1.995。

第六步，判断，下结论。实际值大于临界值，表明两个省分行的员工

---

① 在独立样本 T 检验中，$df = n_1 - 1 + n_2 - 1$，其中为群体 1 的样本量，n_2 为群体 2 的样本量。

技能水平的任何差异是由培训因素引起的，而不是偶然因素或者我们没有控制的因素引起的，可以表示为：

$$t_{(68)}=3.323，p < 0.05$$

其中：t是检验实际值，例3中为3.323。68是自由度数值。$P < 0.05$表示对于零假设的任何检验来说，两个省分行的员工技能水平的任何差异是由于偶然因素的可能性小于5%，因此，我们可以说由培训引起了两个省分行的员工技能水平的任何差异，且该差异具有显著性。

二、使用SPSS计算t值

下面我们借助SPSS软件执行t值计算过程。总共分为4个步骤，如下。

（1）打开数据。在SPSS中打开数据表"某银行两个省分行的员工技能成绩"（附录6.5），打开数据后的数据图像如图6.5所示。在向SPSS录入数据时，分为两列：第一列是分组数据，且在这一列中只有两个组，例如江苏省分行员工可以命名为组1，福建省分行员工可以命名为组2；第二列是各位员工的技能水平分数。

（2）点击独立样本T检验功能。点击的路径为"分析→比较平均值和比例→独立样本T检验"。点击路径如图6.6所示。

（3）移入数据。把"员工技能成绩"移入检验变量，把分组数据"两个独立群体"移入分组变量。点击"两个独立群体？？"下方的定义组，在组1中输入1，在组2中输入2，点击继续。回到T检验对话框后，点击确定。移入数据的路径如图6.7所示。

图6.5　SPSS中打开数据后的数据图像

图6.6　SPSS中点击独立样本T检验功能的路径

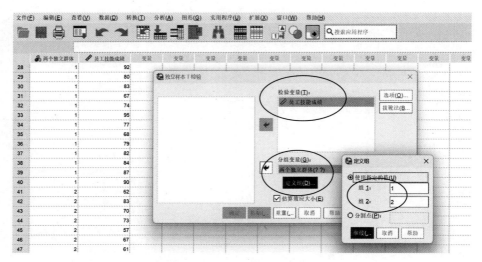

图6.7 SPSS中移入数据的路径

（4）读取数据。在SPSS输出文档中读取数据，可以看到$t_{(68)}=3.320$，双侧$P=0.001$（$P<0.05$）。对立样本T检验计算结果见图6.8。

独立样本检验

		莱文方差等同性检验		平均值等同性T检验					差值95%置信区间	
		F	显著性	t	自由度	显著性		平均值差值	标准误差差值	下限	下限
						单侧P	双侧P				
员工技能成绩	假定等方差	0.963	0.330	3.320	68	<0.001	0.001	8.242	2.482	3.288	13.195
	不假定等方差			3.251	57.200	<0.001	0.002	8.242	2.535	3.165	13.318

图6.8 独立样本T检验结果

读取上图数据时，需要注意的是，不能混淆两个独立样本的均值差异显著性与该两个样本的方差差异显著性。在独立样本T检验中，T检验的一个主要的假设是方差齐性假定[①]。方差齐性的检验方法是检验的两个

---

① **方差齐性假定**是指两个群体的每一个群体的变异性的量是相等的。

群体的方差有没有显著性差异，当sig值＞0.05时，表示无差异；当sig值＜0.05时，表示有差异。图中蓝色标识的圈中是两个省分行员工技能成绩的方差显著性值，为0.33，比0.05大，表示两个省分行员工技能成绩的方差无差异，满足方差齐性。

　　针对例3，也可以做单侧检验。当我们在收集和预处理数据时，发现两个独立样本中某一个样本均值可能高于另外一个样本时，此时可以将研究假设设定为单侧检验。例如，例3中的研究假设可以设定如下，检验方法仍然按照独立样本T检验的6步骤来执行。

$$研究假设 \quad H_1: \overline{X}_{江苏行} > \overline{X}_{福建行}$$

　　以上列明了培训场景中配对样本的1种情况，以及独立样本的3种情况。但在实际工作中，还有两种情况在区分假设检验的样本类型时容易让人困惑：

　　第一种是如果公司培训总部按照统一的培训方案（例如面授课程、在岗训练频次和周期、教练辅导频次、形成性测验和总结性测验、阅读材料均相同）执行员工培训项目，然后在两个不同地域或者两个组织架构里各抽取一个员工样本，此时的两个样本是配对样本，而不是独立样本。例如上述例3中，如果人力资源部按照统一的培训方案要求江苏行和福建行，且两个省分行均按照该统一方案执行员工的培养工作，则从两个省分行各抽取的一个样本组合起来后是配对样本，而不是独立样本。

　　第二种是如果同一批员工使用两种不同的培训方案A和方案B，在两种方案执行完成后均做员工技能水平测验，即同一批员工生成了方案A的技能成绩和方案B的技能成绩，此时这两组数据也是配对样本。但这种情况在实际中一般很少，且在时间顺序上后面执行的方案的员工技能成绩受前一个方案员工经验积累的因素影响，因此不建议采用这种情况下的配对样本T检验方法。

第四节　简单方差分析

一、定义、计算公式和检验7步骤

　　配对样本T检验和独立样本T检验都是针对两组数据的检验，如果有3组及以上数据时，如何检验这些数据的差异显著性呢？例如上述例3中，当有第3个省分行（如陕西省）使用第3种培训方案时，如何检验江苏省分行、福建省分行、陕西省分行这3个省分行员工技能水平的差异显著性呢？这就需要用到简单方差分析[①]的方法。

　　简单方差分析是指3个（及以上）相互独立的群体进行相同测试，进而推断这3个（及以上）群体均值是否存在显著差异的假设检验。在培训场景中，指的是3批（及以上）不同的员工参加同一个测试，每一批员工测试1次，产生了3组（及以上）数据，这3组（及以上）数据之间是否存在显著差异的假设检验。培训中常见的简单方差分析的样本是由于培训方案的不同而产生的不同样本群，例如：（1）样本A实践训练3次，样本B实践训练6次，样本C实践训练9次，然后计算3种实践训练方案产生的3个不同样本的技能均值的差异显著性；（2）样本A培养时间为1年，样本B培养2年，样本C培养3年，然后计算3种培养时间下产生的3个不同

---

① 简单方差分析属于方差分析中最简单的一种形式，是只分析一个因素对两个及以上群体影响的分析方法，又叫单因素方差分析、一元方差分析。方差分析还有多因素方差分析（多元方差分析），例如两个因素的析因方差分析。感兴趣的读者可以搜索相关资料学习。

样本的技能均值的差异显著性。

简单方差分析的检验值是 F 统计量[①]，其计算公式如下：

$$F=\frac{MS_{组间}}{MS_{组内}}=\frac{\dfrac{SS_{组间}}{k-1}}{\dfrac{SS_{组内}}{n-k}}=\frac{\dfrac{\sum_{i=1}^{k}n_i(\overline{X}_i-\overline{\overline{X}})^2}{k-1}}{\dfrac{\sum_{i=1}^{k}\sum_{j=1}^{n_i}(x_{ij}-\overline{x}_i)^2}{n-k}}$$

（式子1）（式子2） （式子3）

上述公式的式子3看起来非常庞大，实际的人工计算量会非常大，因此我们可以直接使用软件工具帮助计算。下面仅对式子1做解释说明，对式子2和式子3有推导兴趣的读者可以自行查阅参考文献中任意一本数理统计相关书籍进行学习。式子1中，$MS_{组间}$表示组间差异平方和的均方，组间差异平方和是所有值的均值和每一个群体的均值之差平方后求和，意味着每一个群体的均值和总的均值的差异大小；$MS_{组内}$表示组内差异平方和的均方，组内差异平方和是群体内每一个具体的值和该群体的均值之间的差异平方后求和，意味着群体内每一个值和这个群体的均值的差异大小。

下面仍然通过一个例子，来说明简单方差分析的F检验的7步骤。

例4：某服装学院想知道在不同训练频次下的制版师的技能水平的差异情况，因此，该学院挑选了45名制版师学员，将他们分成A、B、C共3组，每组15人，并对这3组学员提供相同的培训课程，但是设置了不同频次的打版练习（练习打版一件衣服为1次练习，练习衣服的局部打版不做频次记录）。其中，A组学员练习打版40次，B组学员练习打版60次，C组学员练习打版80次。然后对3组学员做打版技能水平测量。表6.9是3组学员的技能成绩。

---

① F检验法是英国统计学家费希尔发明的。

表6.9　3组制版师学员的成绩

A组成绩	B组成绩	C组成绩
78	75	82
98	81	90
72	79	95
67	82	87
77	78	85
86	89	94
56	79	89
84	85	89
66	85	93
87	87	86
75	91	91
76	90	96
76	99	92
67	85	96
84	93	88

以下我们根据F检验的7步骤来比较3组制版师学员的学习效果。

第一步，描述零假设和研究假设。零假设表示3组制版师学员的成绩均值没有差异，研究假设则是3组制版师学员的成绩均值有差异，这里需要注意，因为所有的F值都是无方向的，因此，研究假设是无方向的。如下表示：

$$零假设\quad H_0：\overline{X}_{A组}=\overline{X}_{B组}=\overline{X}_{C组}$$
$$研究假设\quad H_1：\overline{X}_{A组}\neq\overline{X}_{B组}\neq\overline{X}_{C组}$$

第二步，选择零假设的显著性水平。显著性水平表示零假设为真，但拒绝零假设而选择研究假设的"弃真"错误的犯错概率水平，由检验者自行决定。笔者选择显著性水平0.05这个概率。

第三步，计算检验的实际值。由于F值的人工计算过程庞大，因此我们直接使用 SPSS 计算 F 值，得到 $F_{实际值}$=12.716，$P<0.001$。

第四步，查询 F 检验的临界值。先分别计算例子中分子的自由度（df）[①]为 2（3-1=2），分母的自由度（df）[②]为 42（15-1+15-1+15-1=42），再根据附录 B"方差分析的临界值"查询临界值，查询 $\alpha=0.05$ 下 $F_{(2,42)}$=3.23。注意，附录中没有显示分母自由度为 42 的 F 检验临界值，因此选择离 42 最近且小于 42 的自由度 40 的 F 临界值做参照。

$F_{(2,42)}$=3.23 表明，当实际值大于 3.23 时，则不能接受零假设，而应该选择研究假设，即 3 个组的学员成绩均值的任何差异不是由随机因素引起的随机结果，而是由训练频次因素引起的；当实际值小于 3.23 时，则接受零假设而拒绝研究假设，即 3 个组的学员成绩均值的任何差异是由于偶然因素或者我们没有控制的因素引起的。

第五步，比较实际值和临界值。$F_{实际值}$=12.716，大于临界值 3.23。

第六步，判断，下结论。实际值大于临界值，表明 3 个组的学员成绩的任何差异是由训练频次因素引起的，而不是偶然因素或者我们没有控制的因素引起的，可以表示为：

$$F_{(2,42)}=12.716，\quad P<0.05$$

式中：$F_{(2,42)}$ 是检验实际值，例 3 中为 12.716。2 和 42 分别是分子自由度数值和分母自由度数值。$P<0.05$ 表示对于零假设的任何检验来说，3 个组的学员成绩的任何差异是由于偶然因素的可能性小于 5%，因此，我们可以说由训练频次引起了 3 个组的学员技能水平有差异。

第七步，分析显著差异的来源。在第六步中，只是明确了 3 个组有差异，但是尚未明确显著差异的来源，因此，我们进一步通过事后比较检验的方法来分析差异的来源。根据后文中"使用 SPSS 计算 F 值"的操作方

---

① 在简单方差分析中，分子的自由度 $df=k-1$，其中 k 为组数。

② 在简单方差分析中，分母的自由度 $df=n_1-1+n_2-1+n_3-1$，其中 n_1、n_2、n_3 分别代表各组的样本量。

法，结果表明引起3个组群体之间整体的显著性差异是在A组和B组、A组和C组之间，且B组和C组之间没有差异。

二、使用SPSS计算F值

下面我们借助SPSS软件执行F值计算过程。总共分为6个步骤，如下。

（1）打开数据。在SPSS中打开数据表"3组制版师学员的成绩"（附录6.8），打开数据后的数据图像如图6.9。在向SPSS录入数据时，分为2列：第一列是分组数据，有3个不同的组，A组学员归类到组1，B组学员归类到组2，C组学员归类到组3；第二列是各位学员的技能水平成绩。

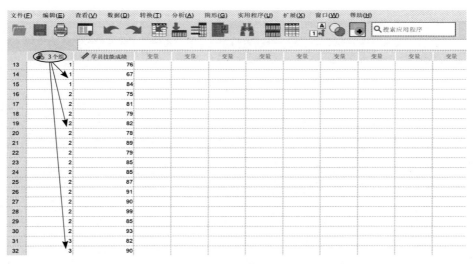

图6.9　SPSS中打开数据后的数据图像

（2）点击一元方差分析功能。点击的路径为"分析→比较平均值和比例→单因素ANOVA检验"（见图6.10）。

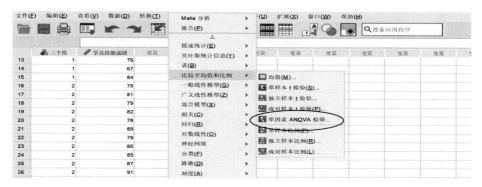

图6.10　SPSS中点击一元方差分析功能的路径

（3）移入数据。把"学员技能成绩"移入"因变量列表（E）"，把分组数据"三个组"移入"因子（F）"。点击右侧"选项（O）"弹出检验选项框，勾选"描述（D）"，点击继续。回到F检验对话框后，点击确定。移入数据的路径如图6.11。

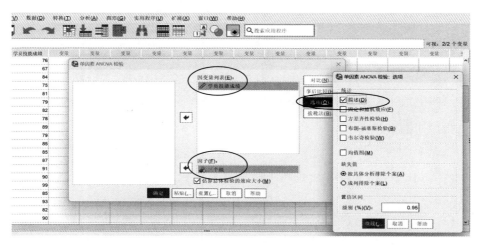

图6.11　SPSS中移入数据的路径

（4）读取F检验数据。在SPSS输出文档中读取数据，可以看到$F_{(2,42)}=12.716$，$P < 0.001$（$P < 0.05$）。一元方差分析结果见图6.12。

描述

学员技能成绩

	N	平均值	标准差	标准误差	平均值的95%置信区间		最小值	最大值
					下限	上限		
1	15	76.60	10.391	2.683	70.85	82.35	56	98
2	15	85.20	6.472	1.671	81.62	88.78	75	99
3	15	90.20	4.195	1.083	87.88	92.52	82	96
总计	45	84.00	9.249	1.379	81.22	86.78	56	99

ANOVA

学员技能成绩

	平方和	自由度	均方	F	显著性
组间	1419.600	2	709.800	12.716	<0.001
组内	2344.400	42	55.819		
总计	3764.000	44			

图6.12　一元方差分析结果

（5）事后比较检验功能。点击右侧"事后比较（H）"弹出事后多重比较选项框，在众多的多重比较方法中选择一项并勾选，笔者选择LSD[①]和邦弗伦尼（B）[②]两项，点击继续，回到F检验对话框后，点击确定。点击路径如图6.13所示。

（6）读取事后检验数据。在SPSS输出文档中读取多重比较数据，可以看到在LSD和邦弗伦尼两种比较方法中，都显示A组和B组、A组和C组的显著性都小于0.05，但B组和C组的显著性大于0.05。表明引起3个

---

① LSD是费希尔首次提出的多重比较方法，是最经典、灵敏度最高的方法。由于其局限性，目前的科研论文中较少使用该方法了。因其最经典、灵敏度最高的特点，笔者在本文中选择此法做演示。

② 邦弗伦尼（B），英文Bonferroni，在分子自由度≤10时，效果好。其他多重比较方法，有兴趣的读者可以自行搜索资料学习。

组群体之间整体的显著性差异是在A组和B组、A组和C组之间，且B组
和C组之间没有差异。事后检验结果见图6.14。

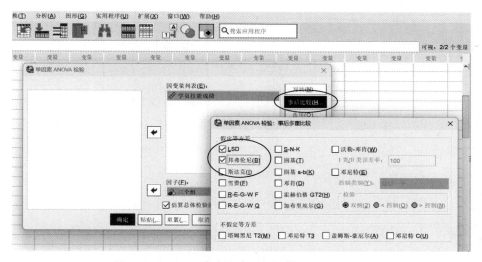

图6.13 SPSS中点击事后比较检验功能的路径

多重比较

因变量：学员技能成绩

（I）三个组	（J）三个组	平均值差值（I-J）	标准误差	显著性	95% 置信区间	
					下限	上限
LSD	1	2	−8.600*	2.728	0.003	−14.11	−3.09
		3	−13.600*	2.728	<0.001	−19.11	−8.09
	2	1	8.600*	2.728	0.003	3.09	14.11
		3	−5.000	2.728	0.074	−10.51	0.51
	3	1	13.600*	2.728	<0.001	8.09	19.11
		2	5.000	2.728	0.074	−0.51	10.51
邦弗伦尼	1	2	−8.600*	2.728	0.009	−15.40	−1.80
		3	−13.600*	2.728	<0.001	−20.40	−6.80
	2	1	8.600*	2.728	0.009	1.80	15.40
		3	−5.000	2.728	0.222	−11.80	1.80
	3	1	13.600*	2.728	<0.001	6.80	20.40
		2	5.000	2.728	0.222	−1.80	11.80

*. 平均值差值的显著性水平为0.05。

图6.14 事后检验结果

本章总结

当使用样本推论员工培训后的技能是否高于培训前时，不能简单地用"后测均分—前测均分"；当使用样本推论员工群体 A 的技能是否高于员工群体 B 时，也不能简单地用"A 均分—B 均分"，因为我们不能排除有随机偶然因素造成二者之间的差异。那怎么检验二者是否存在差异呢？正确的方法是假设检验，通过设置可接受的犯错风险水平（显著性水平 α）来检验差异的显著性。

培训场景中常见的 3 类检验类型，分别是配对样本 T 检验、独立样本 T 检验、简单方差分析。配对样本 T 检验用于员工培训后和培训前技能水平差异的显著性检验，独立样本 T 检验用于两个不同员工群体技能水平差异的显著性检验，简单方差分析用于 3 个（及以上）相互独立的员工群体的技能水平的差异显著性检验。

第七章

建立绩效与技能的关系模型

本章你将学到的内容

◎ 绩效与技能的关系及其两种分析方法。

◎ 构建绩效与技能回归模型的4种方法。

◎ 构建培训效果评估的三维模型的步骤。

第一节　绩效与技能的关系及其两种分析方法

一、绩效与技能之间的关系是相关关系

　　无论是在自然界中，还是在社会的物质生产和经营活动中，一种变化着的现象与另外一种或几种变化着的现象之间往往存在着依存关系。例如，某商品的销售额与销售量之间的关系，某产品的产量和产能之间的关系，人的成就与智商、意志、资源之间的关系，收入水平和受教育程度、工作年限之间的关系，等等。

　　一种变量与另外一种或几种变量之间的依存关系可以分为两种[①]：函数关系和相关关系。**函数关系**是指当一个或几个变量取一定的值时，另一个变量对应有唯一确定的值，即变量和变量之间有一一对应的确定的值的关系。例如某商品的价格确定的情况下，当销售量取一定的值时，销售额

[①] 自然界或社会实践中的变量与变量之间的关系，属于康德的四大类十二范畴之中的事物与事物三种关系的因果关系或交互协同关系中的一种。变量与变量之间相关不代表二者一定有因果关系，例如，相比冬天而言，夏天吃冰激凌的人数增多，但同时夏天的溺亡人数也上升了，那么是否可以得出一个结论"吃冰激凌会导致溺亡？"显然这个结论很荒谬，实际情况是由于"夏天气温升高"这个因素造成了"游泳溺亡人数"和"吃冰激凌人数"均增长，夏天"吃冰激凌人数"和"游泳溺亡人数"这两个变量出现一种共变的相关关系，但二者之间不存在因果关系。

　　康德的三种关系是"自存和依存关系、因果关系和交互协同关系"，见《纯粹理性批判》。

必然有一个唯一确定的值与之对应。**相关关系**是指当一个或几个变量取一定的值时，另一个变量除了受这些因素的影响，由于还受到随机因素的影响而可能存在好几个值，即一个变量不能由另外一个或几个变量确定出唯一一个值的关系。例如收入水平和受教育程度、工作年限之间的关系，从概率的角度来说，一般学历越高、工作年限越长，收入水平会随之增加，即受教育程度、工作年限影响收入水平，但是同样学历和工作年限的人的收入水平却存在很多值，即收入水平无法被受教育程度、工作年限完全确定。

绩效与技能之间的关系属于相关关系。即绩效与技能之间不是一一确定的关系。实际工作场景中，同样技能水平的员工，绩效存在差异的现象非常普遍。

绩效与技能之间的关系有两个特点：

（1）绩效与技能之间确实存在着数量上的依存关系，即当员工群体的技能发生变化时，员工群体的绩效也会随之而变化。

（2）绩效与技能之间的数量关系是不确定的，即员工群体的技能并不是影响绩效的唯一因素，员工的技能和其他可以分析出来的绩效影响因素（例如资金、员工的特质）也不能完全确定出绩效，因为实际的物质生产和经营活动中总是存在着偶然因素。

二、绩效与技能相关关系的类型

根据不同的划分维度，绩效与技能的相关关系有以下类型（见表7.1）。

表7.1　常见的绩效与技能的相关关系类型

维度	类型
相关程度	强相关、弱相关
相关方向	正相关、负相关
相关形式	线性相关、非线性相关
变量的数量	单相关、复相关

下面分别介绍4种划分维度下的相关关系类型。

1. 按照相关程度划分

变量和变量之间按照相关程度，分为完全相关、不完全相关和不相关三类。绩效与技能之间的相关关系属于不完全相关。基于相关的强弱程度，绩效与技能之间的相关关系可以简单地分为强相关和弱相关（见图7.1）。强相关中，当技能数值增大时，绩效也随之明显地增大（或减小），相关点（技能与绩效的交叉点）的分布集中成直线形状，如图7.1中的A图和B图；弱相关中，当技能数值增大时，绩效也随之增大（或减小），但相关点的分布比较分散，如图7.1中的C图和D图。

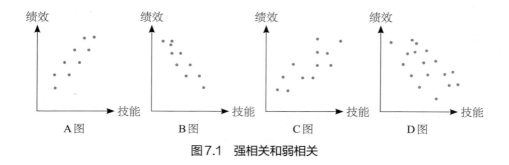

图7.1　强相关和弱相关

当绩效与技能之间呈强相关关系时，员工技能高，绩效大概率也高，员工技能低，绩效大概率也低。当提升员工群体的技能后，员工群体的绩效会随之明显地提高，即培训和提升员工的技能是提升绩效的正确手段。例如，产品经理、软件或硬件的研发工程师等岗位的绩效与技能之间的关系。

当绩效与技能之间呈极弱相关关系时，员工技能高，绩效不一定高，员工技能低，绩效不一定低。即当培训和提升员工群体的技能后，员工群体的绩效与未培训之前并不会产生显著的差异。因此，培训工作者在接到一个培训要求后，先要分析这个培训要求后面的某个问题的关键因素是否是员工的技能，如果不是，则培训和提升员工的技能不是提升绩效的正确手段。

那么，相关强度达到多少是强相关，多少是弱相关呢？两个连续变量之间的线性相关关系的强弱用相关系数 r 表示，又称为皮尔逊积矩相关系数。以 Y 表示绩效，以 X 表示技能，则绩效与技能之间的相关系数的计算公式为：

$$r_{YX} = \frac{n\sum XY - \sum X\sum Y}{\sqrt{(n\sum X^2 - (\sum X)^2) \times (n\sum Y^2 - (\sum Y)^2)}}$$

其中，r_{YX} 是绩效 Y 与技能 X 之间的相关系数，n 是样本量，X 是每一个样本的技能值，Y 是每一个样本的绩效值，$\sum XY$ 是每一个样本的技能值与绩效值之积的和，$\sum X\sum Y$ 是所有样本的技能值之和与所有样本的绩效值之和的积，$\sum X^2$ 是每一个样本的技能值的平方的和，$(\sum X)^2$ 是所有样本的技能值的和的平方，$\sum Y^2$ 是每一个样本的绩效值的平方的和，$(\sum Y)^2$ 是所有样本的绩效值的和的平方。

皮尔逊相关系数 r 的取值范围是 $-1 \leqslant r \leqslant 1$[①]。$r$ 的绝对值 $|r|$ 反映两个连续变量的线性相关强度，$|r|$ 越接近于 1，说明两个变量的线性相关关系趋

---

① 当 $r = \pm 1$ 时，表示两个变量完全相关，当 $r = 0$ 时，表示两个变量不相关。绩效与技能的相关关系是不完全相关，即 $0 < |r| < 1$。

强；|r|越接近于0，说明两个变量的线性相关关系趋弱。有一个简单快速的判断线性相关关系强弱的方法（见表7.2），严谨地判断两个变量相关关系强弱的方法是相关系数的显著性检验。

表7.2　线性相关关系强弱的简单判断方法

两个变量的相关系数r_{XY}	一般解释
$0.8 \leqslant |r_{XY}| \leqslant 1$	极强相关
$0.6 \leqslant |r_{XY}| < 0.8$	强相关
$0.4 \leqslant |r_{XY}| < 0.6$	中度相关
$0.2 \leqslant |r_{XY}| < 0.4$	弱相关
$0 < |r_{XY}| < 0.2$	极弱相关，可视为无相关

相关系数r具有2个特点：（1）r具有对称性，即X与Y的相关系数与Y与X的相关系数相等；（2）r的数值大小与X和Y的原点[①]和计量间隔、计量单位无关，改变X和Y的数据原点和计量间隔、计量单位，并不改变r值的大小。

2. 按照相关方向划分

相关关系的方向用正或负表示，当$0 < r \leqslant 1$时，为正相关，当$-1 \leqslant r < 0$时，为负相关。正相关中，当技能数值增大时，绩效也随之增大，如图7.1中的A图和C图；负相关中，当技能数值增大时，绩效随之减少，如图7.1中的B图和D图。在第一章中，我们列举了正相关和负相关的例子，销售员的绩效"销售量"与其分析客户需求、维护客户关系的技能之间是正相关关系，采购员的绩效"采购价格波动率"与其管理供应渠道、分析供应行情的技能之间是负相关关系。

———————————

① 在二维坐标轴中，原点表示X与坐标轴、Y与坐标轴的交点。

需要注意的是，并不是"正相关"比"负相关"好，相关关系的方向不能代表相关关系的强弱，相关关系的强弱只看绝对值的大小。例如，$r=-0.8$ 与 $r=0.8$ 的相关强度一样大，$r=-0.8$ 比 $r=0.5$ 的相关强度更大。

3. 按照相关形式划分

图7.1中均是绩效与技能的线性相关形态，分别是线性强正相关、线性强负相关、线性弱正相关、线性弱负相关。除了线性相关关系，绩效与技能之间还存在着非线性相关关系（见图7.2）。在实际工作中，可以把这些非线性相关关系转化为线性相关关系来处理。

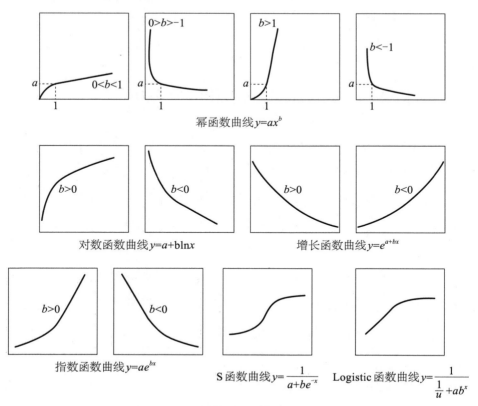

图7.2　非线性相关关系的曲线图（部分）

前面提到当皮尔逊积矩相关系数 $r < 0.2$ 时，表示两个变量之间极弱相关，但这只是表示两个变量之间不存在线性相关关系，并不能说明变量之间没有任何相关关系，有可能变量之间存在非线性相关关系。当变量之间的非线性相关程度较大时，可能会导致 $r=0$ 或 r 很小。因此，当 $r=0$ 或 r 很小时，不能轻言说两个变量之间没有相关关系，而是应该结合散点图再做判断。

4. 按照变量的数量划分

当只分析技能这一个因素与绩效的相关关系时，称绩效与技能之间为单相关，当分析技能和其他因素与绩效的相关关系时，此时称绩效与技能和其他因素之间为复相关。

三、两种分析方法：相关分析和回归分析

相关关系的分析方法主要有两种：相关分析和回归分析。

相关分析是用相关系数去表现变量之间相关关系的强度和方向的方法。但相关系数只能反映出相关关系的强度和方向，而不能反映变量之间具体的相关形式，从而无法从一个变量的变化去推测另外一个变量的具体变化。

回归分析是用一个回归方程式来近似地表示变量之间平均变化关系的方法。它是将相关变量之间的不确定、不规则的数量关系一般化、规则化。例如：$Y=a+bX$，$Y=a+b_1X_1+b_2X_2$，$Y=\dfrac{1}{a+be^{-x}}$，$Y=\dfrac{1}{\dfrac{1}{u}+ab^x}$ 等。回归方程式呈现出来的形态是直线或者曲线，这个直线或者曲线叫作回归直线或回归曲线。

相关分析和回归分析之间的区别如下。

（1）研究目的不同。相关分析的目的是确定变量之间的关系强度；而回归分析则是研究变量之间的数量关系，并通过数学公式表达这种数量关系，进而确定一个或几个变量（自变量）发生变化后对另外一个变量（因变量[①]）的影响程度。

（2）变量之间的关系不同。相关分析所研究的两个变量是对等关系，因此 X 与 Y 的相关系数与 Y 与 X 的相关系数相等。而回归分析所研究的两个变量不是对等关系，因此需要根据研究的目的分别对 X 与 Y 建立两个不同的回归方程，即以 X 为自变量，Y 为因变量，可以得出 Y 倚 X 的回归方程；以 Y 为自变量，X 为因变量，可以得出 X 倚 Y 的回归方程。

相关分析和回归分析之间的联系如下。

（1）相关分析是回归分析的前提。如果没有分析两个变量之间是否相关，以及其相关强度，就不能进行回归分析，即便勉强进行了回归分析，也会因为没有变量之间的相关分析而缺乏可靠性。

（2）回归分析是相关分析的深入。仅仅说明变量之间有较强的相关关系是不够的，还需要进行回归分析，建立回归方程，才可能通过 X 的变化预测 Y 的变化，相关分析才有实际的意义。

以下分别介绍相关分析和回归分析的具体方法。其中，针对回归分析，分别介绍4种方法：一元线性回归、多元线性回归、可线性化的曲线回归、有序 logistic 回归。最后介绍培训评估的三维模型。

---

① 自变量与因变量：函数关系式中，某个特定的数会随另一个或几个会变动的数的变动而变动，就称为因变量。例如：$Y=f(X)$ 表示为 Y 随 X 的变化而变化，其中，Y 是因变量，X 是自变量。

第二节 相关分析

一、绘制散点图，判断相关关系

技能与绩效的**散点图**是将待研究的两个变量即技能与绩效放到二维坐标系中，用横坐标代表技能（自变量），用纵坐标代表绩效（因变量），然后将样本量为n的每一个被测量员工的技能值与绩效值在坐标系中用一个点（X_i, Y_i）（i=1,2,…,n）表示，在坐标系中形成n个点，这n个点为散点，由坐标和n个散点形成的二维数据图。散点图可以直观地描述技能与绩效这两个变量之间的相关关系的方向，并可以大体看出这两个变量相关关系的强弱和关系形态。下面通过一个例子说明在SPSS中绘制散点图的四步骤。

例1：某电子科技公司测算了30名软件工程师在"分析技术可行性""设计模块接口""开发功能模块""调试软硬件""解决bug"的综合技能，及这些工程师在一段时间周期内完成的合格的功能模块数量（绩效，以下使用该例子时所说的绩效均指工程师完成的功能模块数量），并准备分析这二者之间的相关性（见表7.3）。

下面我们通过4步骤来说明运用SPSS软件绘制散点图的过程。

第一步，打开数据。在SPSS中打开数据表"某电子科技公司软件工程师技能与绩效成绩"（附录7.3）。

第二步，点击散点图功能。点击的路径为"图形→散点图/点图（S）→简单散点图→定义"（见图7.3、图7.4）。

表7.3　某电子科技公司软件工程师的技能与绩效成绩

技能	绩效	技能	绩效	技能	绩效
58.5	46	63.6	52	50	36
49.6	34	61.7	55	48.7	42
56.4	47	55.3	48	47.9	40
60.6	46	55.5	40	44.2	37
59.3	47	54.7	45	46.8	30
47.4	35	61.9	50	47	29
56.1	41	58.5	37	44.9	34
52.8	36	46.2	36	45.7	25
54.3	34	67.4	43	36.4	19
38.5	24	67.2	49	71.3	57

图7.3　SPSS中点击散点图功能的路径（1）

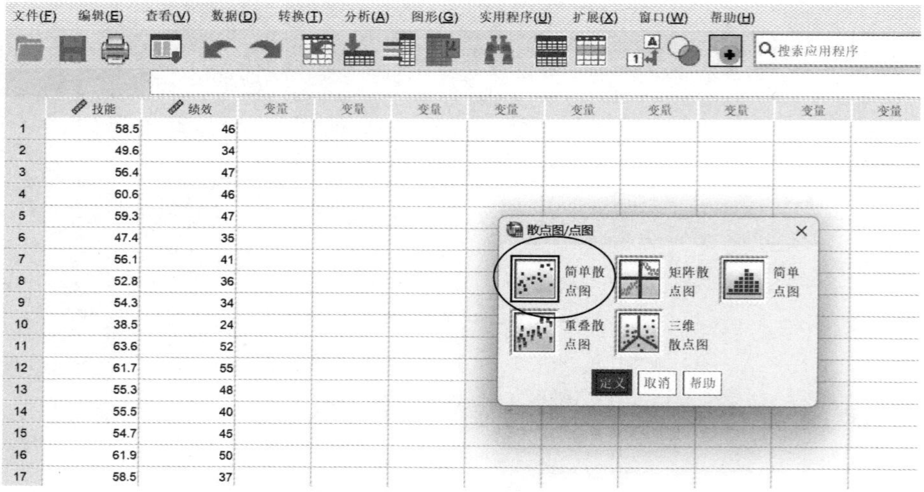

图7.4 SPSS中点击散点图功能的路径（2）

第三步，移入数据。把绩效移入Y轴，把技能移入X轴，点击确定。移入数据的路径如图7.5。

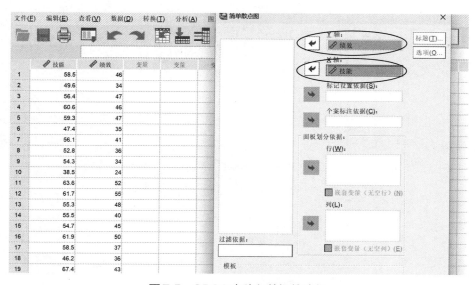

图7.5 SPSS中移入数据的路径

第四步，读取数据。在SPSS输出文档中读取数据，生成散点图（见图7.6）。可以看到，在这30名软件工程师的散点图中，有一个趋势是随着工程师技能的提升，其绩效值也更高，因此，我们可以说该公司软件工程师的技能与绩效是正相关。从图中我们还可以看到这些散点的分布比较集中，趋于一条直线，因此，我们判断该公司软件工程师的技能和绩效之间是线性相关关系，且相关关系比较强。

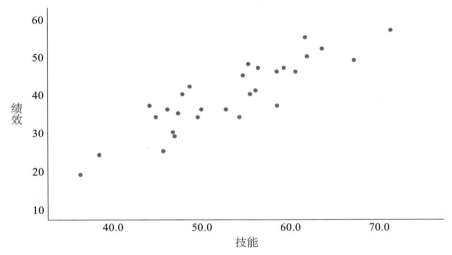

图7.6　某电子科技公司软件工程师的技能与绩效的散点图

以下分别罗列了5家公司中某个岗位的员工技能与绩效值，请根据SPSS软件绘制散点图的4步骤，分别绘制散点图，并指出这5个岗位的员工的技能与绩效的相关关系方向、形式和强弱。5家公司中某个岗位的员工技能与绩效值见表7.4，各数据组见附录7.4.1 ～ 7.4.5[①]。

---

① 注意：为了方便读者学习，笔者在实际数据的基础上做了局部调整，因此，各举例数据仅用于本章方法的学习，不用作各岗位员工技能与绩效关系的规律的研究或参考。

表7.4　5家公司中某个岗位的员工技能与绩效值

数据组1		数据组2		数据组3		数据组4		数据组5	
技能	绩效	技能	绩效	技能	绩效	技能	绩效	技能	绩效
80	78.5	53.9	12	70	9	61.7	22.57	65	94.52
70.4	78	53.3	12	73.75	7	32.2	2.01	79.3	92.53
76.3	78.5	42.4	15	47.5	14	57.4	4.31	83.7	74.52
53.3	84	61.8	11	65	5	43.9	7.04	56.7	92.53
53.3	78.5	40.0	15	82.5	6	29.1	2.68	83	85.42
79.3	85.2	65.5	11	85	8	26.5	1.21	72.7	81
57	89	67.9	10	53.75	12	42.6	2.01	77.3	80
51.1	79.4	75.8	8	56.25	9	66.1	24.91	75.3	83.6
52.6	85.3	49.7	13	73.75	11	57.8	8.1	75	81.2
54.8	79.9	44.8	15	58.75	17	53.5	2.02	38.3	81
81.5	92	67.9	10	58.75	19	50.4	1.41	83.7	99
84.4	87	70.9	10	60	15	49.6	0.14	82.3	98
77	90.1	87.9	5	57.5	19	36.5	1.23	43	97
57	79.8	58.8	11	57.5	15	72.2	29.36	61	99
54.1	65.5	88.5	5	46.25	20	33.5	2.92	81	88.76
44.4	73.6	79.4	6	73.75	7	36.5	1.5	81.7	90.76
34.8	73.8	75.2	8	77.5	7	43.9	0.28	86.7	89.76
80	91.8	80.0	6	68.75	15	44.8	0.37	88.7	87.76
80.7	85.4	46.1	14	68.75	13	45.7	6.85	76.3	89.76
78.5	78.9	78.2	7	56.25	12	40.9	0.11	83.3	92
62.2	87.3	46.1	14	47.5	20	37.8	0.47	71	99
62.9	82.4	74.5	8	50	8	73.1	31.34	60	99
77	82.1	70.3	10	65	8	52.6	0.18	65	93.26
76.3	81.4	40.0	15	67.5	9	54.8	0.69	76	90.26
71.1	80.3	78.8	7	62.5	14	51.7	0.62	69	91.26
77.8	86	60.0	11	79	10	51.7	0.4	79.3	90.26
66.7	90.5	65.5	11	60	13	82.4	43.75	57.8	91.26
66.7	78	71.5	9			79.8	38.09		
61.5	89	89.1	4			76.5	53.58		
40	79	85.5	5			70	61.39		
27.4	86.5	75.8	8			74.8	73.1		
71.9	82.5	36.4	23			65.7	26.43		
67.4	87	72.1	9			46.7	0.37		
65.9	91.5	71.5	9						
62.9	83	70.9	10						
52.6	83.6	87.9	5						
50.3	77.4								
45.2	71.8								
68.1	88.5								
68.1	84.3								
69.6	92								
69.6	91.5								
65.9	86								
98.5	88.3								

例1及上述5家公司中某个岗位的员工技能与绩效的散点图如下（见图7.7）：

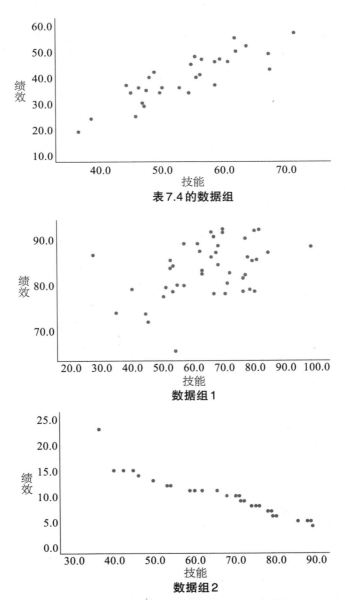

图7.7　表7.4中5家公司某岗位的员工技能与绩效的散点图（1）

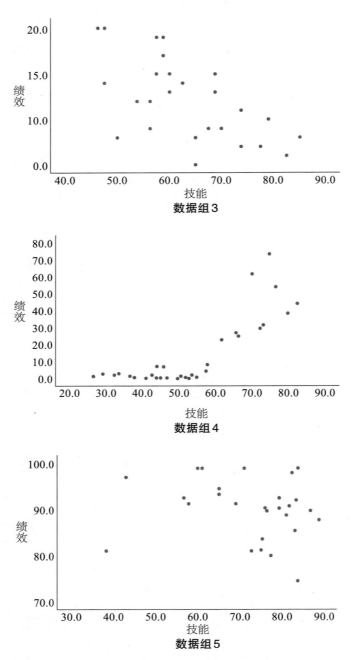

图7.7 表7.4中5家公司某岗位的员工技能与绩效的散点图（2）

从上图可以得出以下信息：

（1）从相关性上，前5张图的技能与绩效都相关，第6张图的技能与绩效不相关；

（2）从相关形式上，前4张图的技能与绩效线性相关，第5张图的技能与绩效曲线相关；

（3）从相关方向上，前2张图的技能与绩效正相关，第3～4张图的技能与绩效负相关；

（4）从相关强度上，第1张和第3张图的技能与绩效相关强度，高于第2张和第4张图。

在相关强度的维度上，散点图只能针对某一个岗位做大概的判断，或者针对某几个岗位做大概的比较。如果想量化技能与绩效的相关性，或者量化地比较几个岗位的技能与绩效的相关强度，就需要计算二者之间的相关系数。

二、计算相关系数并检验显著性

在第一节已经说明了相关系数是表示两个变量之间相关程度的统计指标。统计学中，基于两个变量的不同尺度，其相关系数的类型[1]也不同。在培训工作中，技能与绩效通常都是以定距数据来呈现，有少部分的绩效会以定序数据呈现（例如，绩效分为A、B、C、D4个等级）。在以定序数据呈现的这些数据中，也是基于定距数据再次做的等级区分，因此，实际的技能与绩效值都可以通过定距数据来描述。两个定距变量的线性相关强

---

[1] 相关系数类型：卡方系数（定类与定类数据）、等级二列相关系数（定类与定序数据）、点二列相关系数（定类与定距数据）、斯皮尔曼等级相关系数（定序与定序数据）。

度用皮尔逊积矩相关系数r来表示。

由于我们是使用样本的相关系数去推论总体的相关程度，因此，就要检验样本相关系数的可靠性，这个对样本相关系数可靠性的检验就是**相关系数的显著性检验**。接下来我们使用SPSS软件直接计算技能与绩效这两个变量的线性相关系数r，并检验其显著性，仍然以例1中的30名工程师的技能与绩效值为例。在SPSS软件中计算r及其显著性有四步骤。

第一步，打开数据。在SPSS中打开数据表"某电子科技公司软件工程师技能与绩效成绩"（附录7.3）。

第二步，点击相关性分析功能。点击的路径为"分析→相关（**C**）→双变量（**B**）"（见图7.8）。

图7.8　SPSS中点击相关性分析功能的路径

第三步，移入数据。把技能、绩效移入变量，勾选皮尔逊相关系数，选择显著性检验的双尾，勾选标记显著相关性，点击确定（见图7.9）。

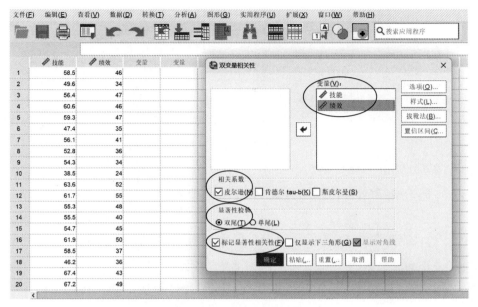

图7.9 SPSS中移入数据的路径

第四步，读取数据。在SPSS输出文档中读取数据（见图7.10）。可以看到这30名软件工程师的技能与绩效的皮尔逊相关系数 $r=0.864$，双尾显著性 $P < 0.001$（即 $P < 0.01$，拒绝零假设而选择研究假设[①]，显著性检验结果是相关性显著）。这里我们也可以看到，技能对绩效的相关系数与绩效对技能的相关系数相等，即皮尔逊相关系数r具有对称性。

[①] 相关系数r的显著性检验步骤类似于第六章的T检验，只是r的显著性检验是使用两个变量的r值与相关系数的临界值做比较。相关系数的临界值见附录C"拒绝零假设需要的相关系数值"。

相关性

		技能	绩效
技能	皮尔逊相关性	1	0.864**
	显著性（双尾）		<0.001
	个案数	30	30
绩效	皮尔逊相关性	0.864**	1
	显著性（双尾）	<0.001	
	个案数	30	30

**. 在0.01级别（双尾），相关性显著。

图7.10　某公司软件工程师的技能与绩效的相关系数r及其显著性结果图

　　请大家根据SPSS软件计算相关系数r及其显著性的4步骤，分别计算表7.4中5组数据的相关系数及其显著性。笔者也做了计算（见表7.5），可以看到数据组1～4中的技能与绩效均有线性相关关系，数据组5中的技能与绩效无线性相关关系。其中，数据组4在散点图中呈现出来的形态是曲线相关，此处计算皮尔逊相关系数后，得出其技能与绩效也具备线性相关关系。

表7.5　5家公司中某个岗位的员工技能与绩效值的相关系数r及其显著性

数据组	相关系数r	双尾显著性检验
数据组1	$r=0.426$	$P=0.004$
数据组2	$r=-0.951$	$P<0.001$
数据组3	$r=-0.629$	$P<0.001$
数据组4	$r=0.804$	$P<0.001$
数据组5	$r=-0.174$	$P=0.385$（$P>0.1$，不显著）

第三节　一元线性回归分析

一、回归模型及最小二乘法

绩效与技能相关关系的第二种分析方法是回归分析。回归分析可以在绩效与技能之间建立一个数学模型，基于这个模型，我们可以根据技能的取值来估计绩效的取值，也可以根据技能的变化来预测绩效的变化程度。当只研究技能对绩效的影响且技能与绩效线性相关时，因而建立的绩效与技能的模型称为一元线性回归模型；当研究员工的技能、特质和公司的管理、资源等多因素对绩效的影响，且这些因素与绩效是线性相关关系时，因而建立的绩效与各因素之间的模型称为多元线性回归模型。本节介绍一元线性回归模型。

一元线性回归模型用一元线性回归方程表示，公式如下：

$$Y=a+bX$$

该公式在第一章第二节已经做过解释，此处仅对 b 再做一些解释。b 是斜率，又称变量 X 对变量 Y 的回归系数。在技能与绩效两个变量中，b 代表的是技能每增加一个单位时，绩效平均可以增加或减少 b 个单位。在二维坐标系中，一元线性回归方程的图示是一条直线，这条直线叫作回归直线。

当样本量为 n 时，二维坐标系中的散点有 n 个，代表 n 组技能和绩效值。对于这 n 组技能和绩效值，用于描述二者关系的直线有多条，究竟用哪一条直线最能代表二者之间的关系呢？卡尔·高斯提出了最小二乘法，

　　最小二乘法是指通过使实际测量的$Y_{实际}$值与回归直线上的$Y_{估计}$值之间的离差平方和达到最小来估计回归方程的常数a和回归系数b的方法。最小二乘法的思想用下图7.11表示，数据来自表7.3，图中二维坐标系中的直线就是绩效与技能的回归直线，所有散点所对应的Y值沿垂直方向到回归直线的距离的平方的和最小。因此，这条回归直线也叫作**最优拟合线**，反映以变量X去估计变量Y的最好猜测。

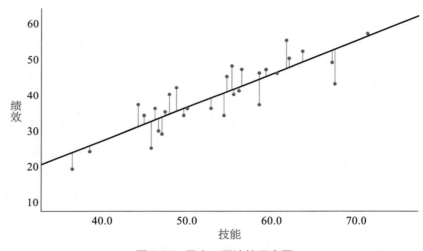

图7.11　最小二乘法的示意图

二、构建一元线性回归模型

　　我们仍然以表7.3的数据为例，来说明使用SPSS软件构建一元线性回归模型的五步骤。

　　第一步，打开数据。在SPSS中打开数据表"某电子科技公司软件工程师技能与绩效成绩"（附录7.3）。

　　第二步，点击线性回归分析功能。点击的路径为"分析→回归（**R**）→

线性（L）"（见图7.12）。

图7.12 SPSS中点击回归分析功能的路径

第三步，移入数据。把绩效移入因变量，把技能移入自变量，点击确定（见图7.13）。

第四步，读取数据。在SPSS输出文档中读取数据，回归分析结果（见图7.14）。可以看到这30名软件工程师的绩效与技能的回归系数$b=0.935$，且该回归系数的双尾显著性$P < 0.001$（$P < 0.01$，回归系数显著[①]），常量a=-10.311，且该常量的双尾显著性$P=0.076$（$P < 0.1$，常量在0.1水平显著）。因此，我们得出绩效与技能的回归方程式为$Y=-10.311+0.935X$。注意：（1）回归方程式要满足回归系数b和常量a均显著时才能成立。（2）回归系数b与相关系数r的正负号相同，即相关系数r符号为正时，回归系数b也为正；r为负时，b也为负。

———————————

① 回归系数的显著性指的是自变量对因变量的影响是显著的。

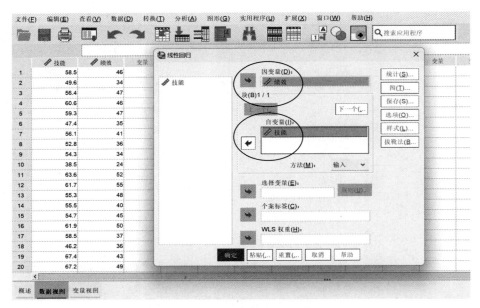

图7.13 SPSS中移入数据的路径

系数[a]

模型		未标准化系数		标准化系数	t	显著性
		B	标准错误	Beta		
1	（常量）	−10.311	5.593		−1.844	0.076
	技能	0.935	0.103	0.864	9.068	<0.001

a. 因变量：绩效

图7.14 某公司软件工程师的技能与绩效的回归分析结果

　　第五步，绘制回归直线图。在图7.6技能与绩效的散点图的基础上，点击"添加总计拟合线"功能，得出以下回归直线图7.15，直线图中标识了回归方程式。如果图中没有标识回归方程式，可以在"添加总计拟合线"功能弹出框下方勾选"将标签附加到线"的功能，此处省略该操作路径。

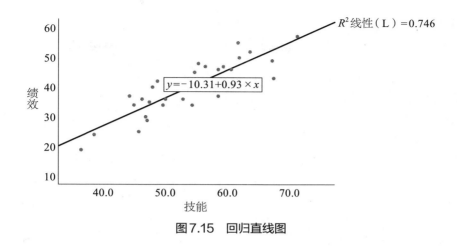

图7.15　回归直线图

三、判断拟合优度

拟合优度是指回归直线对观测值的拟合程度。拟合优度越高，依据自变量的取值来估计或者预测因变量的值的精度会越高。判断拟合优度的指标是判定系数。判定系数[①]又叫决定系数，用 R^2 表示，取值范围是 $0 \leqslant R^2 \leqslant 1$。$R^2$ 越接近于1，表示回归直线与各观测值的拟合程度越好；R^2 越接近于0，表示拟合程度越差。

在一元线性回归中，判定系数 R^2 是相关系数 r 的平方，即 $R^2 = r^2$。在构建一元回归模型时，SPSS 软件会自动计算判定系数并在回归直线图的右上方显示。例如图7.15右上角显示该回归直线的判定系数 $R^2 = 0.746$，表示在该公司软件工程师的绩效的变异性数值方差中，能被技能的一元回归方程所解释的比例为74.6%。使用 SPSS 软件计算判定系数 R^2 的步骤是在

[①] 判定系数是指在 Y 值的总变异中，由 X 引起的 Y 变异的平方和（方差）占 Y 的总变异的平方和（方差）的比例。可以理解为因变量 Y 的方差能被回归方程中自变量 X 的方差解释的比例。

图7.13的基础上，在"统计"弹出框中勾选"R方变化量"（见图7.16）。

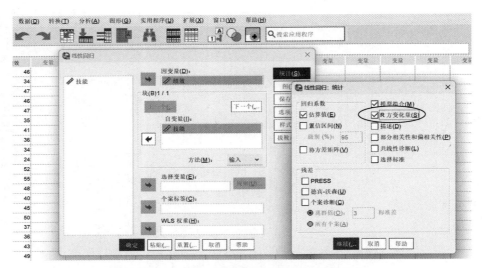

图7.16　使用SPSS软件计算判定系数的路径

判定系数达到多少比较好，目前尚没有一个统一的明确界限值。我们在使用判定系数时，如果是使用某个技能X值预测某个绩效Y值，或者使用技能均值$\overline{X}$预测绩效均值$\overline{Y}$，则需要较高的判定系数，建议$R^2 \geqslant 0.618$，即绩效方差的61.8%及以上可以被技能的一元回归方程所解释；如果是解释技能与某个绩效的关系，则达到回归系数b和常量a均显著即可。

请大家根据SPSS软件构建一元线性回归模型的五步骤，分别计算表7.4中数据组1～4的回归方程式，以及其回归系数和常量的显著性、回归直线的判定系数。笔者也做了计算（见表7.6），可以看到数据组1～4中的绩效与技能的一元线性回归方程式，且4个方程中的回归系数b和常量a均显著。从拟合优度来看，回归直线对技能与绩效的拟合优度从高到低的顺序依次是数据组2＞数据组4＞数据组3＞数据组1。

表7.6　4家公司中某个岗位的员工技能与绩效值的回归模型

数据组	回归方程	回归系数 b 的显著性检验	常量 a 的显著性检验	判定系数 R^2
数据组 1	$Y = 71.801 + 0.177X$	$P = 0.004$	$P < 0.001$	$R^2 = 0.181$
数据组 2	$Y = 25.941 - 0.24X$	$P < 0.001$	$P < 0.001$	$R^2 = 0.904$
数据组 3	$Y = 28.705 - 0.263X$	$P < 0.001$	$P < 0.001$	$R^2 = 0.396$
数据组 4	$Y = -42.041 + 1.055X$	$P < 0.001$	$P < 0.001$	$R^2 = 0.647$

第四节　多元线性回归分析

一、构建多元线性回归模型

员工的技能只是绩效的影响因素之一，除了技能，一个岗位的绩效影响因素还有公司的管理和资源、外部环境等。当这些因素与绩效之间是线性相关时，就可以用多元线性回归模型来描述。多元线性回归方程的公式如下：

$$Y=a+b_1x_1+b_2x_2+\cdots+b_{17}x_{17}$$

多元线性回归分析的原理与一元线性回归基本相同，其也是根据最小二乘法来求得回归方程的常数 a 和各个回归系数 b_1、b_2、$\cdots$、b_{17} 的。

一元回归方程在二维空间中是一条直线，可以在二维坐标系中将该直线画出来，但是多元回归方程很难画出来。例如，二元回归方程在三维空间中是一个平面（大家可以想象一个立方体相邻的3条边分别是 Y 轴、x_1 轴、x_2 轴，二元回归方程就是在 Y 轴上的横截面）。

线性回归模型中，当自变量增加时，判定系数 R^2 会变大，因此，多元线性回归方程的拟合优度使用的是调整的多重判定系数 R_a^2。下面以一个具体的例子来说明构建多元线性回归模型的步骤，以及如何查询多重判定系数 R_a^2。

例2：下面是表7.4中数据组1增加了一个变量"年度运营成本（万元）"后的数据组，现在建立该公司商务经理的技能、公司年度运营成本投入这2个因素与员工年度综合绩效的回归模型（见表7.7）。

表7.7　某电商公司商务经理技能、年度运营成本与年度综合绩效数据

技能	年度运营成本	绩效	技能	年度运营成本	绩效
80	44.5	78.5	77	53.3	82.1
70.4	33.9	78	76.3	39.7	81.4
76.3	39.7	78.5	71.1	42.9	80.3
53.3	40.9	84	77.8	53.6	86
53.3	40.9	78.5	66.7	43.1	90.5
79.3	63.9	85.2	66.7	43.1	78
57	48.7	89	61.5	55.6	89
51.1	46.1	79.4	40	51.3	79
52.6	52.7	85.3	27.4	74.8	86.5
54.8	51.9	79.9	71.9	49.6	82.5
81.5	69.4	92	67.4	63.2	87
84.4	43.9	87	65.9	64.5	91.5
77	53.3	90.1	62.9	60.2	83
57	48.7	79.8	52.6	52.7	83.6
54.1	40.3	65.5	50.3	43.7	77.4
44.4	37.6	73.6	45.2	35.7	71.8
34.8	42.3	73.8	68.1	63.2	88.5
80	44.5	91.8	68.1	63.2	84.3
80.7	54.1	85.4	69.6	73.4	92
78.5	44.1	78.9	69.6	73.4	91.5
62.2	44.3	87.3	65.9	64.5	86
62.9	60.2	82.4	98.5	55.1	88.3

　　下面使用SPSS构建多元线性回归模型，综合为3步骤。

　　第一步，执行相关分析。打开附录7.7"某电商公司商务经理技能、年度运营成本与年度综合绩效"，分析自变量与因变量的相关性，即分别分析技能对绩效、年度运营成本对绩效的相关性，同时也分析技能与年度运营成本之间的相关性，得出结果（见图7.17）。我们可以看出，技能与

绩效、年度运营成本与绩效均显著相关，技能与年度运营成本之间不相关，可以建模。

相关性

		绩效	技能
绩效	皮尔逊相关性	1	0.426**
	显著性（双尾）		0.004
	个案数	4.4	44
技能	皮尔逊相关性	0.426**	1
	显著性（双尾）	0.004	
	个案数	44	44

**. 在0.01级别（双尾），相关性显著。

相关性

		绩效	年度运营成本
绩效	皮尔逊相关性	1	0.641**
	显著性（双尾）		<0.001
	个案数	4.4	44
年度运营成本	皮尔逊相关性	0.641**	1
	显著性（双尾）	<0.001	
	个案数	44	44

**. 在0.01级别（双尾），相关性显著。

相关性

		技能	年度运营成本
技能	皮尔逊相关性	1	0.100
	显著性（双尾）		0.520
	个案数	44	44
年度运营成本	皮尔逊相关性	0.100	1
	显著性（双尾）	0.520	
	个案数	44	44

图7.17 相关性分析结果

第二步，执行回归分析。点击线性回归分析功能（点击路径与一元回归分析相同），移入数据，把绩效移入因变量，把技能、年度运营成本移入自变量，点击确定（见图7.18）。

第三步，读取数据：在SPSS输出文档中读取数据，回归分析结果（见图7.19）。可以看到，常量a、技能的回归系数b_1、年度运营成本的回归系数b_2均显著，因此构建这两个因素对绩效的二元线性回归模型，为$Y=56.092+0.152X_1+0.337X_2$（$X_1$是技能，$X_2$是年度运营成本）。调整的多重判定系数$R_a^2=0.522$，说明在员工的年度综合绩效变异性数据方差中，能被技能、年度运营成本的多元回归方程所解释的比例为52.2%。

图7.18　SPSS中移入数据的路径

模型摘要

模型	R	R方	调整后R方	标准估算的错误
1	0.737ª	0.544	0.522	4.1405

a. 预测变量：（常量），年度运营成本，技能

系数ª

模型		未标准化系数		标准化系数	t	显著性
		B	标准错误	Beta		
1	（常量）	56.092	4.005		14.006	<0.001
	技能	0.152	0.044	0.366	3.449	0.001
	年度运营成本	0.337	0.059	0.605	5.708	<0.001

a. 因变量：绩效

图7.19　多元回归分析结果

二、多重共线性

我们在研究绩效的众多影响因素时，有些自变量之间彼此相关。例如某公司培训经理以员工技能、教育水平、工作年限、底薪这4个自变量对

绩效做回归分析结果（见图7.20），从中我们可以看到虽然前3个自变量对绩效影响程度的回归系数都显著，但是在回归系数的正负号上出现了违背常识的现象。在该图回归分析结果中，技能、工作年限的回归系数为负，表示随着员工技能水平的增加及员工工作年限的增长，员工的绩效在降低，实际情况是否如此呢？我们看第三个自变量员工的教育水平，随着员工教育水平的提高，员工的绩效在提高。而在实际工作中，教育水平与技能一般呈正相关关系。回到该图，如果教育水平对绩效的影响为正，理论上技能对绩效的影响也为正。为什么出现这样相互矛盾的现象呢？这是因为教育水平、工作年限与技能相关，即自变量之间彼此相关，造成了回归结果的混乱。

系数[a]

模型		未标准化系数		标准化系数	T	显著性
		B	标准错误	Beta		
1	（常量）	45591.786	921.084		49.498	0.000
	技能	−21.067	9.137	−0.137	−2.306	0.029
	教育水平	223.370	81.040	0.162	2.756	0.010
	工作年限	−350.214	26.150	−0.943	−13.393	0.000
	底薪	0.074	0.121	0.044	0.617	0.542

a. 因变量：绩效

图7.20　某公司绩效与多因素的回归分析

当回归模型中两个及其以上的自变量彼此相关时，称回归模型中存在**多重共线性**。多重共线性会导致两个主要问题。

（1）影响回归系数的正负号。多重共线性会造成本应为正号的回归系数是负号，或者本应为负号的体现出来的分析结果是正号（见图7.20）。

（2）造成回归结果混乱和错误。当自变量之间高度相关时，因为某个或某些自变量对因变量的贡献与另外一个自变量的贡献相互重叠了，进而会造成实际上显著的回归系数在回归模型中呈现出不显著的结果。

　　检测多重共线性的方法有很多种，其中最简单的方法是计算各对自变量之间的相关系数 r 并检验 r 的显著性。如果有一个或多个相关系数 r 是显著的，表明有些自变量之间相关，由这些自变量构建的回归模型就会出现多重共线性的问题。当回归模型出现以下现象时，则表明模型存在多重共线性：

　　（1）模型中有的自变量之间显著相关；

　　（2）回归系数的正负号与实际常识不一致；

　　（3）模型的F检验显著，但几乎所有的回归系数的T检验不显著。（多元线性回归模型中，F检验是检验因变量与多个自变量的线性关系是否显著，T检验是检验每个自变量对因变量的影响是否显著，在SPSS回归分析结果中会直接显示两个检验的结果，如图7.21中的F检验和T检验。在一元线性回归模型中，F检验与T检验等价。）

模型摘要

模型	R	R方	调整后R方	标准估算的错误
1	0.737[a]	0.544	0.522	4.1405

a. 预测变量：（常量），年度运营成本，技能。

ANOVA[a]

模型		平方和	自由度	均方	F	显著性
1	回归	838.090	2	219.045	24.443	<0.001[b]
	残差	702.892	41	17.144		
	总计	1540.983	43			

a. 因变量：绩效。

b. 预测变量：（常量），年度运营成本，技能。

系数[a]

模型		未标准化系数		标准化系数	t	显著性
		B	标准错误	Beta		
1	（常量）	56.092	4.005		14.006	<0.001
	技能	0.152	0.044	0.366	3.449	0.001
	年度运营成本	0.337	0.059	0.605	5.708	<0.001

a. 因变量：绩效。

图7.21　F检验和T检验

　　如果发现多重共线性问题，则需要将一个或多个相关的自变量从模型中剔除，使保留的自变量尽可能不相关。具体可以使用逐步回归的操作方法。

　　（1）计算r。计算每一个自变量X与因变量Y的相关系数r。

　　（2）排序。根据相关强度值的大小，由大到小排序，即得出所有自变量X对因变量Y的影响程度从大到小的排序。

　　（3）检验一元线性回归方程的显著性。把相关强度最大的那个自变量与因变量做一元线性回归，并做回归系数的显著性检验（T检验），如果不显著，则可以认为所选择的全部自变量X均不是影响因变量Y的主要因素。如果显著，则进行下一个操作。

　　（4）逐个引入自变量。把相关强度排序第二的那个自变量引入回归方程形成新的一个模型，并做F检验和T检验，将在新产生的模型中回归系数不显著的那个自变量去掉；如此按照相关强度由大到小的顺序依次引入新的自变量，检验显著性，去除不显著的那个自变量，直到所有自变量引入完毕。

　　但需要注意的是，在构建绩效的多因素线性回归模型时，不要试图引入更多的变量，除非确实有必要。因为模型会由于数据的质量、不合适的自变量而造成模型结果并不尽如人意。

第五节 曲线回归分析和有序 Logistic 回归分析

在技能与绩效的相关关系中，一般做二者的一元线性回归模型即可满足需求。但在实际的工作中，确实存在二者曲线相关的情况，也存在我们只能获得定序绩效的情况，因此，本节简要介绍这两种情况的回归分析，作为延伸性的知识学习。

一、曲线回归分析

表7.4的数据组4，在第二节的散点图中看起来技能与绩效是曲线相关的，然后在该小节的皮尔逊相关系数 r 检验中，结果是二者线性显著相关，且在第三节构建了回归模型 $Y=-42.041+1.055X$，且判定系数 =0.647（判定系数大于0.618，代表该线性回归模型已经具备较好的拟合程度）。那么，当二者存在曲线相关关系时，线性回归模型 $Y=-42.041+1.055X$ 就不一定是最优的拟合模型。数据组4的一元线性回归直线图如下7.22。

下面我们使用 SPSS 软件对数据组4做曲线回归分析，分为五步骤。

第一步，打开数据。在 SPSS 中打开数据表"某工程设备租赁公司业务经理技能与半年度销售额（万元）"（附录7.4.4）。

第二步，点击曲线回归分析功能。点击的路径为"分析→回归（R）→曲线估算（C）"（见图7.23）。

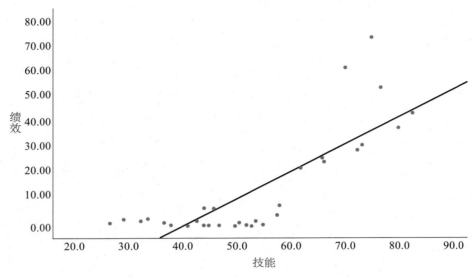

图7.22　表7.4中数据组4的一元线性回归直线图

文件(E)	编辑(E)	查看(V)	数据(D)	转换(T)					(U)	扩展(X)	窗口(W)	帮助(H)		

	🖊技能	🖊绩效	变量				变量	变量	变量	变量	变
1	61.7	22.57									
2	32.2	2.01									
3	57.4	4.31									
4	43.9	7.04									
5	29.1	2.68									
6	26.5	1.21									
7	42.6	2.01									
8	66.1	24.91									
9	57.8	8.10									
10	53.5	2.02									
11	50.4	1.41									
12	49.6	.14									
13	36.5	1.23									
14	72.2	29.36									
15	33.5	2.92									
16	36.5	1.50									
17	43.9	.28									
18	44.8	.37									

Meta 分析　＞
报告(P)　＞
描述统计(E)　＞
贝叶斯统计信息(Y)　＞
表(B)　＞
比较平均值和比例　＞
一般线性模型(G)　＞
广义线性模型(Z)　＞
混合模型(X)　＞
相关(C)　＞
回归(R)　＞
对数线性(O)　＞
神经网络　＞
分类(F)　＞
降维(D)　＞
刻度(A)　＞
非参数检验(N)　＞
时间序列预测(T)　＞
生存分析(S)　＞
多重响应(U)　＞

自动线性建模(A)...
线性(L)...
线性 OLS 替代方法　＞
曲线估算(C)...
偏最小平方(S)...
二元 Logistic...
多元 Logistic(M)...
有序(D)...
概率(P)...

图7.23　SPSS中点击曲线回归分析功能的路径

　　第三步，移入数据，选择分析模型。将绩效移入因变量，将技能移入独立变量，勾选除Logistic[①]的所有模型，点击确定（见图7.24）。

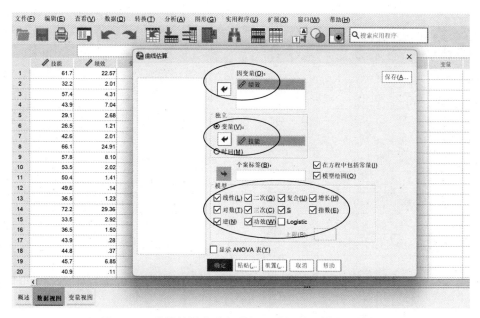

图7.24　曲线估计中移入数据和选择分析模型的路径

第四步，读取数据，判断最优拟合模型。在SPSS输出文档中读取数据，回归分析模型结果（见图7.25）。首先，我们看10种模型的回归显著性F值，发现10种模型下技能对绩效的影响程度均显著；接着看拟合优度，我们发现二次项模型的$R^2 = 0.773$，三次项模型的$R^2 = 0.792$，均大于线性模型的$R^2(0.647)$，说明这两个模型的拟合优度较线性模型更高。

---

① Logistic回归分析适用于分类变量。

模型摘要和参数估算值

因变量：绩效

方程	模型摘要					参数估算值			
	R 方	F	自由度1	自由度2	显著性	常量	b1	b2	b3
线性	0.647	56.832	1	31	<0.001	−42.041	1.055		
对数	0.544	36.962	1	31	<0.001	−180.358	49.453		
逆	0.422	22.590	1	31	<0.001	55.646	−2030.026		
二次	0.773	51.054	2	30	<0.001	41.814	−2.261	0.030	
三次	0.792	36.742	3	29	<0.001	148.447	−8.927	0.161	−0.001
复合	0.504	31.552	1	31	<0.001	0.025	1.096		
幂	0.410	21.550	1	31	<0.001	2.058E-7	4.212		
S	0.301	13.349	1	31	<0.001	4.609	−168.258		
增长	0.504	31.552	1	31	<0.001	−3.695	0.091		
指数	0.504	31.552	1	31	<0.001	0.025	0.091		

自变量为技能。

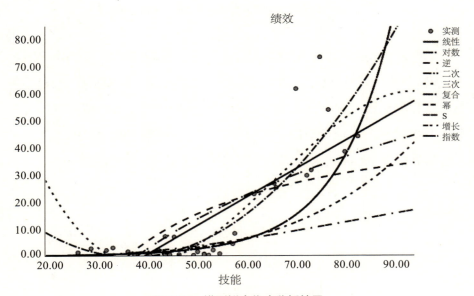

图7.25　模型拟合优度分析结果

第五步，读取数据，检验回归系数显著性，确定最优拟合模型。在SPSS输出文档中读取数据，回归系数显著性分析结果如图7.26，图的左边是二次项模型，右边是三次项模型。我们发现二次项模型的 b_1、b_2、常量均显著；三次项模型的 b_1、b_2、常量也都显著，但其 b_3 不显著，因此，我们最终选择二次项模型作为该公司绩效与技能的最优拟合回归模型，回归方程为 $Y=41.814-2.261X+0.03$。

系数

	未标准化系数		标准化系数	t	显著性
	B	标准错误	Beta		
技能	−2.261	0.821	−1.723	−2.753	0.010
技能**2	0.030	0.007	2.552	4.078	<0.001
（常量）	41.814	21.500		1.945	0.061

系数

	未标准化系数		标准化系数	t	显著性
	B	标准错误	Beta		
技能	−8.927	4.198	−6.804	−2.127	0.042
技能**2	0.161	0.081	13.587	1.984	0.057
技能**3	−0.001	0.000	−6.046	−1.618	0.117
（常量）	148.447	69.168		2.146	0.040

图7.26　二次和三次回归系数显著性分析结果

下面比较二次回归模型和一元线性模型（图7.27），我们可以看到二次回归模型的拟合优度更高。

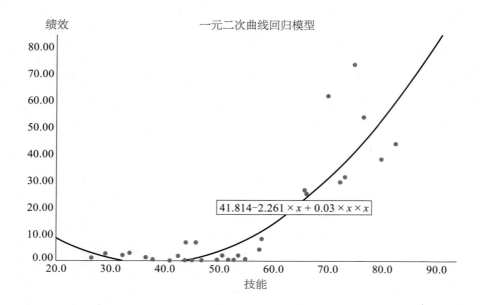

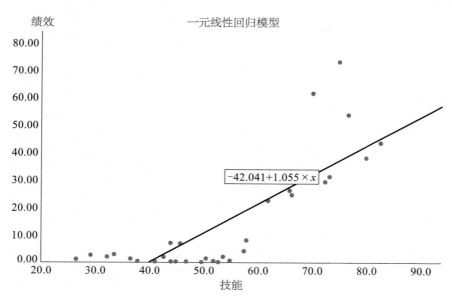

图7.27 某公司绩效与技能的两个回归模型的回归线比较

二、有序Logictis回归分析

当绩效是有序分类变量时（类别≥3，例如绩效等级有3级，且A级＞B级＞C级），使用有序Logictic回归。下表7.8是前述某电子科技公司软件工程师的技能与绩效等级值，同时还增加了一个定类变量"性别"（此处增加这个变量是为后续完整地演示回归功能，读者在选择变量时需要根据自己的研究目的放置变量）。下面以此表数据为例说明有序Logictic回归分析的步骤及结果解读。

表7.8 某电子科技公司软件工程师的技能与绩效等级

技能	绩效等级	性别	技能	绩效等级	性别
58.5	B级	男	61.9	A级	男
49.6	C级	男	58.5	C级	女
56.4	B级	女	46.2	C级	男
60.6	B级	男	67.4	B级	男
59.3	B级	女	67.2	A级	男
47.4	C级	男	50	C级	男
56.1	B级	男	48.7	B级	女
52.8	C级	男	47.9	C级	男
54.3	D级	男	44.2	C级	女
38.5	D级	男	46.8	D级	女
63.6	A级	女	47	D级	男
61.7	A级	男	44.9	D级	男
55.3	A级	女	45.7	D级	男
55.5	B级	男	36.4	D级	男
54.7	B级	男	71.3	A级	男

使用SPSS软件进行有序Logictic回归分析的6步骤如下：

第一步，打开数据。在SPSS中打开数据表"某电子科技公司软件工程师技能与绩效等级"（附录7.8）。（在该表中，已经对绩效等级做了数据转换，其中1代表D级，2代表C级，3代表B级，4代表A级，绩效等级的排序与代号的顺序一致）

第二步，点击有序Logictic回归分析功能。点击的路径为"分析→回归（R）→有序（D）"（见图7.28）。

图7.28　SPSS中点击有序Logictic回归分析功能的路径

第三步，移入数据。将绩效等级代号移入因变量，将性别移入因子（因子这一栏放置定类变量），将技能移入协变量（协变量这一栏放置定距变量）（见图7.29）。

第四步，选择平行线检验功能。在输出弹出框中，除了默认已勾选的功能，还需要勾选平行线检验功能及已保存变量中的所有功能（见图7.30）。

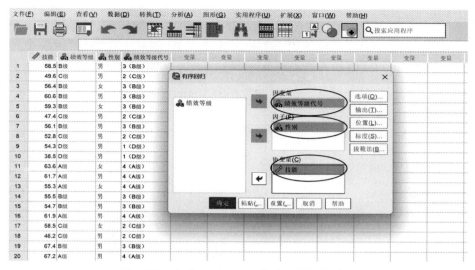

图7.29 有序Logictic回归移入数据的路径

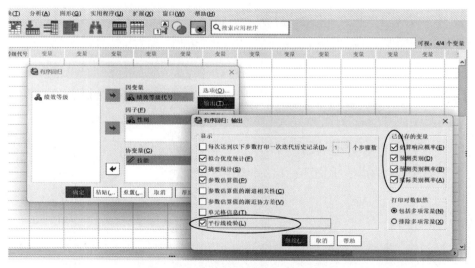

图7.30 选择平行线检验功能的路径

第五步，进行平行线检验。有序Logictis回归分析的前提是模型满足比例优势假设[1]，当平行线检验的显著性大于0.05时，表示符合该假设。第四步完成后，在SPSS输出文档的最下方可以查看平行线检验结果（见图7.31）。我们从图中看到待分析数据组的平行线检验结果的显著性大于0.05，符合比例优势假设，可以进行有序Logictis回归分析。

平行线检验[a]

模型	−2 对数似然	卡方	自由度	显著性
原假设	49.388			
常规	48.844	.545	4	0.969

原假设指出，位置参数（斜率系数）在各个响应类别中相同。

a. 关联函数：分对数。

图7.31　平行线检验结果

第六步，解读数据结果。在SPSS输出文档中读取数据（见图7.32）。图中，我们看到技能对绩效等级影响是显著的（$P < 0.001$），但性别对绩效等级的影响不显著（$P=0.237$），表示员工技能水平会对绩效等级产生显著的正向影响，即员工技能水平越高，员工的绩效等级越高；而性别并不会对绩效等级产生影响。技能对绩效等级影响的回归系数$b=0.355$，表示技能每增加一个单位，员工从低级别的绩效等级上升到高一级别的绩效等级的发生比率[2]是原来的$e^{0.355}=1.426$倍，即技能每增加一个单位（1分），员工从D等级上升到C等级，或者从C等级上升到B等级，或者从B等级上升到A等级的发生比增长了42.6%。

---

[1] **比例优势假设**是指无论因变量的分割点在什么位置，模型中各个自变量对因变量的影响不变，也就是自变量对因变量的回归系数与分割点无关。当模型不满足该假设时，不能使用有序Logictis回归分析，可以用无序Logictis回归分析。

[2] **发生比率**是指事件发生的概率与不发生概率的比值，又叫成败比率。

参数估算值

		估算	标准 错误	瓦尔德	自由度	显著性	90%置信区间	
							下限	上限
阈值	[绩效等级代号=1（D级）]	15.523	4.202	13.648	1	<0.001	7.287	23.758
	[绩效等级代号=2（C级）]	18.132	4.603	15.514	1	<0.001	9.109	27.155
	[绩效等级代号=3（B级）]	21.335	5.179	16.969	1	<0.001	11.184	31.486
位置	技能	0.355	0.088	16.44	1	<0.001	0.183	0.526
	[性别=男]	−1.036	0.876	1.399	1	0.237	−2.752	0.681
	[性别]=女	0ᵃ	3	.	0	.	.	.

关联函数：分对数。

a. 此参数冗余，因此设置为零。

图7.32 有序Logictic回归分析结果

第六节　构建培训效果评估的三维模型

一、三维模型

培训效果评估的三维模型是指将绩效与技能的关系、技能与员工成长周期的关系这两种相关关系结合，进而反映绩效对应的技能及该技能对应的员工成长时间的模型图。这个模型中包含3个变量、2个回归模型。

下面以某公司软件工程师的绩效、技能与从业时间为例，在二维平面里展示三维模型[①]（见图7.33）。图中，纵坐标代表技能，左边的横坐标代表绩效，右边的横坐标代表员工成长时间。根据绩效与技能的回归模型，我们可以看到当员工技能水平为60分时，绩效可以达到45.5（这个绩效专指工程师一定周期内完成的功能模块数量）；根据技能与员工成长周期的回归模型，我们可以看到员工技能水平达到60分，当前的成长周期是11年。（技能与员工成长周期的回归模型的构建方法，与绩效与技能的回归模型的构建方法相同，可以根据附录7.9"某电子科技公司软件工程师技能、绩效与从业时间"中的数据自行构建回归模型）。

---

① 三维模型图的形态，大家也可以想象成一个立方体相邻的两面，两面相交的边是技能，以技能为纵轴，一面是技能与绩效的回归关系，一面是技能与员工成长时间的回归关系。

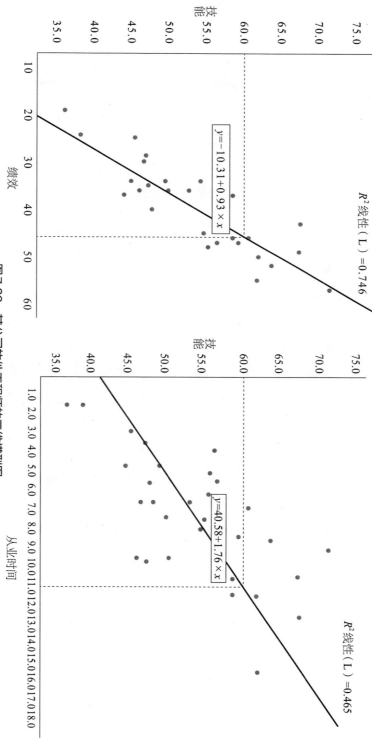

图 7.33 某公司软件工程师的二维模型图

二、加速员工成长

培训工作中，如何使用上述三维模型呢？在第一章第二节中说明了使用的方法，首先确定员工技能对绩效的贡献，当技能与绩效显著相关且贡献值也显著时（贡献值看回归系数）；接下来是确定技能培养目标，然后基于技能的培养目标加速员工的成长周期，让员工在更短的时间[①]内达到目标的技能水平。

例如，图7.32中，根据绩效与技能的回归模型，我们得知技能每增加1个单位，绩效值就提高0.93个单位（$b=0.93$），技能对绩效的贡献显著。因此，业务部门需要培训部尽快把新入岗员工培养到胜任岗位的水平，业务部门和培训部门一起定义该岗位员工胜任岗位的技能水平是60分。经过员工成长周期的现状调研，培训部门发现依赖当前员工自由成长的方式，需要11年的积累才能达到60分的技能水平目标，员工的成长周期太慢，不符合业务的人才培养效率需求。培训部门在分析该岗位的知识密度后，结合业务部门的要求，将员工的培养周期定为6年达到60分的技能水平目标。因此，培训部门的独特贡献值就是将该岗位员工的成长周期缩短5年（11-6=5），提高了该岗位的人才培养效率，提高的人才培养效率用员工成长周期的加速度表示，计算如下：

$$a=\frac{11-6}{11}=45.5\%$$

以下是培训效果评估的三维模型（图7.34），展示了培训部门对该岗位人才培养的贡献值。

---

① 员工成长周期缩短的时间的参照标准有5种，见第一章第二节中员工的成长周期参照标准。

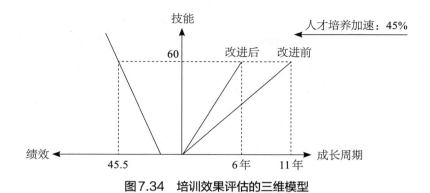

图7.34　培训效果评估的三维模型

本章总结

研究绩效与技能的关系，就是厘清业务与培训的关系。绩效与技能之间是相关关系，研究绩效与技能相关关系的分析方法有两种：相关分析和回归分析。

相关分析可以确定绩效与技能的相关方向、强弱和形式。回归分析可以用一个数学公式近似地量化绩效与技能的关系，从而实现以技能解释和预测绩效的目的。

常见的绩效与技能的回归分析有4种情况：一元线性回归、多元线性回归、曲线回归、有序Logictis回归。其中，最常用的是一元线性回归分析方法。4种回归分析方法有各自的适用场景、数据类型、模型表达公式（见表7.9）。

表7.9　常见的绩效与技能的回归分析类型

回归类型	相关关系	变量类型	回归方程
一元线性回归	线性相关	X和Y都是定距变量	$Y=a+bX$
多元线性回归	线性相关	X_1、X_2和Y都是定距变量	$Y=a+b_1X_1+b_2X_2$
可线性化的曲线回归	曲线相关	X和Y都是定距变量	SPSS结果中呈现
有序logistic回归	非线性相关	X是定距变量，Y是定序变量	略

　　附录的表单分为两类：

　　第一类是分布于第二、五、六、七章节中运用 SPSS 软件计算的示例的数据表单，或者需要运用 SPSS 软件计算的练习题的数据表单，合计 17 个，为方便读者使用，这 17 个表单以电子表单的形式放置在培根网（见图 8.1）中，读者可以在培根网学习地图商城中下载获取。

　　第二类是分布于第六、七章节中用于数据查询的表单，合计 3 个。

　　第一类数据表单的目录如下，各表单的标号用书中的数据表编号表示，表单下载地址为培根网—学习地图商城。

图 8.1　扫码登录培根网

章	表单名称	
第二章	附录 2	10 个测试者在 5 个测试题的得分
第五章	附录 5.1	25 名营销人员的技能水平值
	附录 5.11	某公司 35 名 HRBP 的技能水平值
	附录 5.16	30 名业务员经过一年培训后的技能水平
第六章	附录 6.2	某家电公司结构工程师培训前测与后测成绩（配对样本 T 检验）
	附录 6.4	某电商公司员工培训前和培训后的客户满意度数据（配对样本 T 检验）
	附录 6.5	某银行两个省分行的员工技能成绩（独立样本 T 检验）
	附录 6.8	3 组制版师学员的成绩（一元方差分析）

续表

章	表单名称	
第七章	附录7.3	某电子科技公司软件工程师技能与绩效成绩（相关分析+一元回归分析）
	附录7.4.1	某电商公司商务经理技能与年度综合绩效（相关分析+一元回归分析）
	附录7.4.2	某饲料公司采购经理技能与采购成本排名（相关分析+一元回归分析）
	附录7.4.3	某小家电制造公司产品质量工程师技能与客户质量投诉次数（相关分析+一元回归分析）
	附录7.4.4	某工程设备租赁公司业务经理技能与半年度销售额（万元）（相关分析+一元回归分析+曲线分析）
	附录7.4.5	某加工设备公司结构工程师技能与设备合同金额（万元）（相关分析）
	附录7.7	某电商公司商务经理技能、年度运营成本与年度综合绩效（多元回归分析）
	附录7.8	某电子科技公司软件工程师技能与绩效等级（有序Logictis分析）
	附录7.9	某电子科技公司软件工程师技能、绩效与从业时间（三维模型）

第二类数据表单如下。

附录A：拒绝零假设需要的 t 值

单侧检验			双侧检验			
df	0.1	0.05	0.01	df	0.1	0.05	0.01
1	3.078	6.314	31.821	1	6.314	12.706	63.657
2	1.886	2.920	6.965	2	2.920	4.303	9.925
3	1.638	2.353	4.541	3	2.353	3.182	5.841
4	1.533	2.132	3.747	4	2.132	2.776	4.604
5	1.476	2.015	3.365	5	2.015	2.571	4.032
6	1.440	1.943	3.143	6	1.943	2.447	3.708
7	1.415	1.859	2.998	7	1.859	2.365	3.499
8	1.397	1.860	2.897	8	1.860	2.306	3.356

续表

	单侧检验				双侧检验		
df	0.1	0.05	0.01	df	0.1	0.05	0.01
9	1.383	1.833	2.822	9	1.833	2.262	3.250
10	1.372	1.813	2.764	10	1.813	2.228	3.169
11	1.363	1.796	2.718	11	1.796	2.201	3.106
12	1.356	1.782	2.681	12	1.782	2.179	3.055
13	1.350	1.771	2.650	13	1.771	2.160	3.012
14	1.345	1.761	2.624	14	1.761	2.145	2.977
15	1.341	1.753	2.602	15	1.753	2.131	2.947
16	1.337	1.746	2.583	16	1.746	2.120	2.921
17	1.333	1.740	2.567	17	1.740	2.110	2.898
18	1.330	1.734	2.552	18	1.734	2.101	2.878
19	1.328	1.729	2.539	19	1.729	2.093	2.861
20	1.325	1.725	2.528	20	1.725	2.086	2.845
21	1.323	1.721	2.518	21	1.721	2.080	2.831
22	1.321	1.717	2.508	22	1.717	2.074	2.819
23	1.319	1.714	2.500	23	1.714	2.069	2.807
24	1.318	1.711	2.492	24	1.711	2.064	2.797
25	1.316	1.708	2.485	25	1.708	2.060	2.787
26	1.315	1.706	2.479	26	1.706	2.056	2.779
27	1.314	1.703	2.473	27	1.703	2.052	2.771
28	1.313	1.701	2.467	28	1.701	2.048	2.763
29	1.311	1.699	2.462	29	1.699	2.045	2.756
30	1.310	1.697	2.457	30	1.697	2.042	2.750
31	1.309	1.696	2.453	31	1.696	2.040	2.744
32	1.309	1.694	2.449	32	1.694	2.037	2.738

续表

单侧检验			双侧检验			
df	0.1	0.05	0.01	df	0.1	0.05	0.01
33	1.308	1.692	2.445	33	1.692	2.035	2.733
34	1.307	1.691	2.441	34	1.691	2.032	2.728
35	1.306	1.690	2.438	35	1.690	2.030	2.724
36	1.306	1.688	2.434	36	1.688	2.028	2.719
37	1.305	1.687	2.431	37	1.687	2.026	2.715
38	1.304	1.686	2.429	38	1.686	2.024	2.712
39	1.304	1.685	2.426	39	1.685	2.023	2.708
40	1.303	1.684	2.423	40	1.684	2.021	2.704
41	1.303	1.683	2.421	41	1.683	2.020	2.701
42	1.302	1.682	2.418	42	1.682	2.018	2.698
43	1.302	1.681	2.416	43	1.681	2.017	2.695
44	1.301	1.680	2.414	44	1.680	2.015	2.692
45	1.301	1.679	2.412	45	1.679	2.014	2.690
46	1.300	1.679	2.410	46	1.679	2.013	2.687
47	1.300	1.678	2.408	47	1.678	2.012	2.685
48	1.299	1.677	2.407	48	1.677	2.011	2.682
49	1.299	1.677	2.405	49	1.677	2.010	2.680
50	1.299	1.676	2.403	50	1.676	2.009	2.678
51	1.298	1.675	2.402	51	1.675	2.008	2.676
52	1.298	1.675	2.400	52	1.675	2.007	2.674
53	1.298	1.674	2.399	53	1.674	2.006	2.672
54	1.297	1.674	2.397	54	1.674	2.005	2.670
55	1.297	1.673	2.396	55	1.673	2.004	2.668
56	1.297	1.673	2.395	56	1.673	2.003	2.667
57	1.297	1.672	2.394	57	1.672	2.002	2.665

续表

	单侧检验				双侧检验		
df	0.1	0.05	0.01	df	0.1	0.05	0.01
58	1.296	1.672	2.392	58	1.672	2.002	2.663
59	1.296	1.671	2.391	59	1.671	2.001	2.662
60	1.296	1.671	2.390	60	1.671	2.000	2.660
61	1.296	1.670	2.389	61	1.670	2.000	2.659
62	1.295	1.670	2.388	62	1.670	1.999	2.657
63	1.295	1.669	2.387	63	1.669	1.998	2.656
64	1.295	1.669	2.386	64	1.669	1.998	2.655
65	1.295	1.669	2.385	65	1.669	1.997	2.654
70	1.294	1.667	2.381	70	1.667	1.994	2.648
75	1.293	1.665	2.377	75	1.665	1.992	2.643
80	1.292	1.664	2.374	80	1.664	1.990	2.639
85	1.292	1.663	2.371	85	1.663	1.988	2.635
90	1.291	1.662	2.368	90	1.662	1.987	2.632
95	1.291	1.661	2.366	95	1.661	1.985	2.629
100	1.290	1.660	2.364	100	1.660	1.984	2.626
200	1.286	1.653	2.345	200	1.653	1.972	2.601
300	1.284	1.650	2.339	300	1.650	1.968	2.592
400	1.284	1.649	2.336	400	1.649	1.966	2.588
500	1.283	1.648	2.334	500	1.648	1.965	2.586
1000	1.282	1.646	2.330	1000	1.646	1.962	2.581

附录B：F检验的临界值

分母 df	α	分子 df					
		1	2	3	4	5	6
	0.01	4052.00	4999.00	5403.00	5625.00	5764.00	5859.00
1	0.05	162.00	200.00	216.00	225.00	230.00	234.00
	0.1	39.90	49.50	53.60	55.80	57.20	58.20
	0.01	98.50	99.00	99.17	99.25	99.30	99.33
2	0.05	18.51	19.00	19.17	19.25	19.30	19.33
	0.1	8.53	9.00	9.16	9.24	9.29	9.33
	0.01	34.12	30.82	29.46	28.71	28.24	27.91
3	0.05	10.13	9.55	9.28	9.12	9.01	8.94
	0.1	5.54	5.46	5.39	5.34	5.31	5.28
	0.01	21.20	18.00	16.70	15.98	15.52	15.21
4	0.05	7.71	6.95	6.59	6.39	6.26	6.16
	0.1	0.55	4.33	4.19	4.11	4.05	4.01
	0.01	16.26	13.27	12.06	11.39	10.97	10.67
5	0.05	6.61	5.79	5.41	5.19	5.05	4.95
	0.1	4.06	3.78	3.62	3.52	3.45	3.41
	0.01	13.75	10.93	9.78	9.15	8.75	8.47
6	0.05	5.99	5.14	4.76	4.53	4.39	4.28
	0.1	3.78	3.46	3.29	3.18	3.11	3.06
	0.01	12.25	9.55	8.45	7.85	7.46	7.19
7	0.05	5.59	4.74	4.35	4.12	3.97	3.87
	0.1	3.59	3.26	3.08	2.96	2.88	2.83
	0.01	11.26	8.65	7.59	7.01	6.63	6.37
8	0.05	5.32	4.46	4.07	3.84	3.69	3.58
	0.1	3.46	3.11	2.92	2.81	2.73	2.67

续表

分母 df	α	分子 df					
		1	2	3	4	5	6
	0.01	10.56	8.02	6.99	6.42	6.06	5.80
9	0.05	5.12	4.26	3.86	3.63	3.48	3.37
	0.1	3.36	3.01	2.81	2.69	2.61	2.55
	0.01	10.05	7.56	6.55	6.00	5.64	5.39
10	0.05	4.97	4.10	3.71	3.48	3.33	3.22
	0.1	3.29	2.93	2.73	2.61	2.52	2.46
	0.01	9.65	7.27	6.22	5.67	5.32	5.07
11	0.05	4.85	3.98	3.59	3.36	3.20	3.10
	0.1	3.23	2.86	2.66	2.54	2.45	2.39
	0.01	9.33	6.93	5.95	5.41	5.07	4.82
12	0.05	4.75	3.89	3.49	3.26	3.11	3.00
	0.1	3.18	2.81	2.61	2.48	2.40	2.33
	0.01	9.07	6.70	5.74	5.21	4.86	4.62
13	0.05	4.67	3.81	3.41	3.18	3.03	2.92
	0.1	3.14	2.76	2.56	2.43	2.35	2.28
	0.01	8.86	6.52	5.56	5.04	4.70	4.46
14	0.05	4.60	3.74	3.34	3.11	2.96	2.85
	0.1	3.10	2.73	2.52	2.40	2.31	2.24
	0.01	8.68	6.36	5.42	4.89	4.56	4.32
15	0.05	4.54	3.68	3.29	3.06	2.90	2.79
	0.1	3.07	2.70	2.49	2.36	2.27	2.21
	0.01	8.53	6.23	5.29	4.77	4.44	4.20
16	0.05	4.49	3.63	3.24	3.01	2.85	2.74
	0.1	3.05	2.67	2.46	2.33	2.24	2.18

续表

分母df	α	分子df					
		1	2	3	4	5	6
	0.01	8.40	6.11	5.19	4.67	4.34	4.10
17	0.05	4.45	3.59	3.20	2.97	2.81	2.70
	0.1	3.03	2.65	2.44	2.31	2.22	2.15
	0.01	8.29	6.01	5.09	4.58	4.25	4.02
18	0.05	4.41	3.56	3.16	2.93	2.77	2.66
	0.1	3.01	2.62	2.42	2.29	2.20	2.13
	0.01	8.19	5.93	5.01	4.50	4.17	3.94
19	0.05	4.38	3.52	3.13	2.90	2.74	2.63
	0.1	2.99	2.61	2.40	2.27	2.18	2.11
	0.01	8.10	5.85	4.94	4.43	4.10	3.87
20	0.05	4.35	3.49	3.10	2.87	2.71	2.60
	0.1	2.98	2.59	2.38	2.25	2.16	2.09
	0.01	8.02	5.78	4.88	4.37	4.04	3.81
21	0.05	4.33	3.47	3.07	2.84	2.69	2.57
	0.1	2.96	2.58	2.37	2.23	2.14	2.08
	0.01	7.95	5.72	4.82	4.31	3.99	3.76
22	0.05	4.30	3.44	3.05	2.82	2.66	2.55
	0.1	2.95	2.56	2.35	2.22	2.13	2.06
	0.01	7.88	5.66	4.77	4.26	3.94	3.71
23	0.05	4.28	3.42	3.03	2.80	2.64	2.53
	0.1	2.94	2.55	2.34	2.21	2.12	2.05
	0.01	7.82	5.61	4.72	4.22	3.90	3.67
24	0.05	4.26	3.40	3.01	2.78	2.62	2.51
	0.1	2.93	2.54	2.33	2.20	2.10	2.04
	0.01	7.77	5.57	4.68	4.18	3.86	3.63
25	0.05	4.24	3.39	2.99	2.76	2.60	2.49
	0.1	2.92	2.53	2.32	2.19	2.09	2.03

续表

分母df	α	分子df					
		1	2	3	4	5	6
	0.01	7.72	5.53	4.64	4.14	3.82	3.59
26	0.05	4.23	3.37	2.98	2.74	2.59	2.48
	0.1	2.91	2.52	2.31	2.18	2.08	2.01
	0.01	7.68	5.49	4.60	4.11	3.79	3.56
27	0.05	4.21	3.36	2.96	2.73	2.57	2.46
	0.1	2.90	2.51	2.30	2.17	2.07	2.01
	0.01	7.64	5.45	4.57	4.08	3.75	3.53
28	0.05	4.20	3.34	2.95	2.72	2.56	2.45
	0.1	2.89	2.50	2.29	2.16	2.07	2.00
	0.01	7.60	5.42	4.54	4.05	3.73	3.50
29	0.05	4.18	3.33	2.94	2.70	2.55	2.43
	0.1	2.89	2.50	2.28	2.15	2.06	1.99
	0.01	7.56	5.39	4.51	4.02	3.70	3.47
30	0.05	4.17	3.32	2.92	2.69	2.53	2.42
	0.1	2.88	2.49	2.28	2.14	2.05	1.98
	0.01	7.42	5.27	4.40	3.91	3.59	3.37
35	0.05	4.12	3.27	2.88	2.64	2.49	2.37
	0.1	2.86	2.46	2.25	2.14	2.02	1.95
	0.01	7.32	5.18	4.31	3.91	3.51	3.29
40	0.05	4.09	3.23	2.84	2.64	2.45	2.34
	0.1	2.84	2.44	2.23	2.11	2.00	1.93
	0.01	7.23	5.11	4.25	3.83	3.46	3.23
45	0.05	4.06	3.21	2.81	2.61	2.42	2.31
	0.1	2.82	2.43	2.21	2.09	1.98	1.91

续表

分母 df	α	分子 df					
		1	2	3	4	5	6
	0.01	7.17	5.06	4.20	3.77	3.41	3.19
50	0.05	4.04	3.18	2.79	2.58	2.40	2.29
	0.1	2.81	2.41	2.20	2.08	1.97	1.90
	0.01	7.12	5.01	4.16	3.72	3.37	3.15
55	0.05	4.02	3.17	2.77	2.56	2.38	2.27
	0.1	2.80	2.40	2.19	2.06	1.96	1.89
	0.01	7.08	4.98	4.13	3.68	3.34	3.12
60	0.05	4.00	3.15	2.76	2.54	2.37	2.26
	0.1	2.79	2.39	2.18	2.05	1.95	1.88
	0.01	7.04	4.95	4.10	3.65	3.31	3.09
65	0.05	3.99	3.14	2.75	2.53	2.36	2.24
	0.1	2.79	2.39	2.17	2.04	1.94	1.87
	0.01	7.01	4.92	4.08	3.62	3.29	3.07
70	0.05	3.98	3.13	2.74	2.51	2.35	2.23
	0.1	2.78	2.38	2.16	2.03	1.93	1.86
	0.01	6.99	4.90	4.06	3.60	3.27	3.05
75	0.05	3.97	3.12	2.73	2.50	2.34	2.22
	0.1	2.77	2.38	2.16	2.03	1.93	1.86
	0.01	3.96	4.88	4.04	3.56	3.26	3.04
80	0.05	6.96	3.11	2.72	2.49	2.33	2.22
	0.1	2.77	2.37	2.15	2.02	1.92	1.85
	0.01	6.94	4.86	4.02	3.55	3.24	3.02
85	0.05	3.95	3.10	2.71	2.48	2.32	2.21
	0.1	2.77	2.37	2.15	2.01	1.92	1.85

续表

分母 df	α	分子 df					
		1	2	3	4	5	6
	0.01	6.93	4.85	4.02	3.54	3.23	3.01
90	0.05	3.95	3.10	2.71	2.47	2.32	2.20
	0.1	2.76	2.36	2.15	2.01	1.91	1.84
	0.01	6.91	4.84	4.00	3.52	3.22	3.00
95	0.05	3.94	3.09	2.70	2.47	2.31	2.20
	0.1	2.76	2.36	2.14	2.01	1.91	1.84
	0.01	6.90	4.82	3.98	3.51	3.21	2.99
100	0.05	3.94	3.09	2.70	2.46	2.31	2.19
	0.1	2.76	2.36	2.14	2.00	1.91	1.83

附录 C：拒绝零假设需要的相关系数值

单侧检验			双侧检验		
df	0.05	0.01	df	0.05	0.01
1	0.9877	0.9995	1	0.9969	0.9999
2	0.9000	0.9800	2	0.9500	0.9900
3	0.8054	0.9343	3	0.8783	0.9587
4	0.7293	0.8822	4	0.8114	0.9172
5	0.6694	0.8320	5	0.7545	0.8745
6	0.6215	0.7887	6	0.7067	0.8343
7	0.5822	0.7498	7	0.6664	0.7977
8	0.5494	0.7155	8	0.6319	0.7646
9	0.5214	0.6851	9	0.6021	0.7348
10	0.4973	0.6581	10	0.5760	0.7079
11	0.4762	0.6339	11	0.5529	0.6835

续表

	单侧检验			双侧检验	
df	0.05	0.01	df	0.05	0.01
12	0.4575	0.6120	12	0.5324	0.6614
13	0.4409	0.5923	13	0.5139	0.6411
14	0.4259	0.5742	14	0.4973	0.6226
15	0.4120	0.5577	15	0.4821	0.6055
16	0.4000	0.5425	16	0.4683	0.5897
17	0.3887	0.5285	17	0.4555	0.5751
18	0.3783	0.5155	18	0.4438	0.5614
19	0.3687	0.5034	19	0.4329	0.5487
20	0.3598	0.4921	20	0.4227	0.5368
25	0.3233	0.4451	25	0.3809	0.4869
30	0.2960	0.4093	30	0.3494	0.4487
35	0.2746	0.3810	35	0.3246	0.4182
40	0.2573	0.3578	40	0.3044	0.3932
45	0.2428	0.3384	45	0.2875	0.3721
50	0.2306	0.3218	50	0.2732	0.3541
60	0.2108	0.2948	60	0.2500	0.3248
70	0.1954	0.2737	70	0.2319	0.3017
80	0.1829	0.2565	80	0.2172	0.2830
90	0.1726	0.2422	90	0.2050	0.2673
100	0.1638	0.2301	100	0.1946	0.2540

1. 康德. 纯粹理性批判 [M]. 邓晓芒，译. 北京：人民出版社，2017.

2. 亚里士多德. 形而上学[M]. 苗力田，译. 北京：中国人民大学出版社，2003.

3. 金岳霖. 知识论[M]. 北京：中国人民大学出版社，2010.

4. 华东师范大学哲学系逻辑学教研室. 形式逻辑（第五版）[M]. 上海：华东师范大学出版社，2016.

5. 毛泽东. 毛泽东选集：第一卷[M]. 北京：人民出版社，1991.

6. 毛泽东. 毛泽东选集：第三卷[M]. 北京：人民出版社，1991.

7. R. M. 加涅，W. W. 韦杰，K. C. 戈勒斯，J. M. 凯勒. 教学设计原理（第五版）[M]. 上海：华东师范大学出版社，2007.

8. 理查德·E. 梅耶（Richard E.Mayer）. 应用学习科学[M]. 盛群力，丁旭，钟丽佳，译. 北京：中国轻工业出版社，2023.

9. 朱春雷. 知识密码[M]. 北京：电子工业出版社，2020.

10. L. W. 安德森等. 学习、教学和评估的分类学（布卢姆教育目标分类学修订版）[M]. 皮连生，主译. 上海：华东师范大学出版社，2008.

11. 胡军. 知识论[M]. 北京：北京大学出版社，2006.

12. B. S. 布卢姆等. 教育目标分类学：第一分册 认知领域[M]. 上海：华东师范大学出版社，1986.

13. D. R. 克拉斯沃尔，B. S. 布卢姆等. 教育目标分类学：第二分册

情感领域 [M]. 上海：华东师范大学出版社，1989.

14. 朱德全，沈家乐，彭洪莉. 教育测量学（第二版）[M]. 北京：中国人民大学出版社，2023.

15. 张敏强. 教育测量学 [M]. 北京：人民教育出版社，2019.

16. 尼尔·J. 萨尔金德. 爱上统计学（中译本第2版）[M]. 史玲玲，译. 重庆：重庆大学出版社，2016.

17. 肖战峰. 统计学基础 [M]. 成都：西南财经大学出版社，2020.

18. 金勇进. 抽样：理论与应用（第二版）[M]. 北京：高等教育出版社，2016.

19. 金勇进，杜子芳，蒋妍. 抽样技术（第5版）[M]. 北京：中国人民大学出版社，2021.

20. 罗伯特·卡普兰，大卫·诺顿. 平衡计分卡-化战略为行动 [M]. 刘俊勇，孙薇，译. 广州：广东经济出版社，2013.

21. 戴维帕门特（David Parmenter）. 关键绩效指标-KPI的开发、实施和应用 [M]. 侯君，译. 北京：机械工业出版社，2023年.

22. 朱晓姝，许桂秋等. 大数据预处理技术 [M]. 北京：人民邮电出版社，2019.

23. 马华东，赵东，王新兵，等. 一种新型群智感知系统架构模型和实现方法 [J]. 中国科学：信息科学，2023,53: 1262–1280.

24. 王延飞，杜元清. 情报感知论 [M]. 北京：科学技术文献出版社，2022.

25. 贾俊平，何晓群，金勇进. 统计学（第8版）[M]. 北京：中国人民大学出版社，2021.

26. 温忠麟. 心理与教育统计（第二版）[M]. 广州：广东高等教育出版社，2016.

27. 麦裕华，黎光明，钱扬义. 中学理科实验操作考查的评分者效应

和评分者信度 - 基于多面Rasch模型的分析 [J]. 教育测量与评价，2020（11）：56-64.

28. 陈社育. 公务员录用考试的信度和效度研究 [M]. 南京：南京大学出版社，2012.

29. 邵志芳. 心理统计学 [M]. 北京：中国轻工业出版社，2009.

30. 项立群，汪晓云，张伟，梁勇，梅春晖. 概率论与数理统计（第二版）[M]. 北京：北京大学出版社，2022.

31. 何晓群. 应用回归分析（R语言版）[M]. 北京：电子工业出版社，2017.

32. 吴翊，李永乐，胡庆军. 应用数理统计 [M]. 长沙：国防科技大学出版社，1995.

33. 刘剑平，朱坤平，陆元鸿等. 应用数理统计（第三版）[M]. 上海：华东理工大学出版社有限公司，2019.

34. 孙荣恒. 应用数理统计（第三版）[M]. 北京：科学出版社，2014.

35. 杨近. 我国工业化进程与职业教育体系发展的研究 [D]. 上海：上海师范大学，2015.

36. 陈宝荣. 职业教育与产业结构协调性研究 [J]. 成人教育，2020（7）：51-56.

柯式四级评估法的七大问题

《矛盾论》中说：如果不认识矛盾的普遍性，就无从发现事物运动发展的普遍的原因或普遍的根据；但是，如果不研究矛盾的特殊性，就无从确定一事物不同于他事物的特殊的本质，就无从发现事物运动发展的特殊的原因，或特殊的根据，也就无从辨别事物，无从区分科学研究的纲领。

长久以来，受对学历教育片面的观察的影响及工业化初期时企业引进外部课程为主的培训形式的影响，目前在国内，不仅是业务部门，甚至部分培训管理员都认为培训不过是找到好的讲师、设计丰富的活动、组织培训项目、全心服务好大家的吃住行。这种认识把培训变成了行政和服务工作，导致培训在专业方面始终盘桓不前，进而造成培训的效果始终得不到用人部门的认可，培训的人才远远满足不了企业的发展需要（自2002年以来，我国出现了"技工荒"与"就业难"并存的现象，技术工人、高级技术工人的缺口很大，并伴随经济发展方式的转变和产业的优化升级愈演愈烈）。

培训与教育有共同点，但二者也存在区别。另外，职业教育是工业化的产物，而近十多年，我国的工业化成熟度已经不同于改革开放时期及加入WTO时期，因此，在新的工业化时期下，企业对培训的要求也发生了变化。下面先说明培训与教育的共同点与区别，进而阐明培训工作者的角色；然后说明我国当前工业化时期对企业培训的要求。

培训与教育有共同点，二者的目的都是培养人才，且对知识的类型、认知的规律的运用是相同的。但二者也存在两个大的区别，这两大区别决定了培训工作、培训评估工作及培训效果评估工作与教育不同。

（1）目标不同。教育家陶行知说教育要"立脚点上求平等，于出头处谋自由"。说明了教育的人才培养目标是不设限的、因人而异的。但培训由于是在企业人才培养的这个大框架下，决定了企业的人才培养目标是企业岗位要求的质、量和培养效率。

（2）资源不同。学历教育时，我们能接触到的就是学校这个教学单位，但除了学校，与我们学科教育直接相关的还有教育厅和各级教研单位（定课程标准和教学大纲）、各类教材编写单位、考试中心（编写总结性考核试题，例如中考试题）。但在企业培训中，定义员工培养和培训目标、分析工作任务和学习内容、设计学习方案、开发学习资源、运营培训项目、评估培训效果都是由培训部门承担和组织的。因此，企业培训部门不能仅仅是个组织教学的单位，还应该是岗位培养目标的定义者（需要联合业务部门）、员工学习内容的识别者、学习方案的设计者、学习资源的开发者、培训效果的评估者。

我国自1949年新中国成立以后开始走工业化道路，历经1978年改革开放、2001年加入WTO，在不到100年的时间里高度浓缩了西方200多年的工业化进程。随着工业化的逐步成熟，企业对培训的追求从一开始的从"无"到"有"，逐步到从"有"到"优"，企业对人才培养的需求也从人才培养部门在市场上买课程让员工听的粗放模式，逐步发展到业务向人才培养部门"要质量""要效率"的阶段。在这个需求的转变下，目前在市场上流行的培训效果评估方法中，以柯氏四级评估法为例，由于缺少知识论、认识论和统计学的基础，在企业培训效果评估的实践中体现出较大的局限性，不能很好地满足当前培训市场的需要。下面以柯氏四级评估法为例，说明当前培训效果评估的典型问题。

唐纳德·L. 柯克帕特里克前辈1959年在其博士论文中提出的柯氏四级评估法，为企业培训工作者在培训的效果评估方面，建立起了一套系统的方法，给培训效果评估领域带来巨大贡献。在中国加入WTO后，该方法在国内培训市场得到极大的推广，但随着国内企业在人才培养方面的成熟度的提升，柯氏四级评估法在企业培训效果评估的实践中体现出较大的局限性，无法满足当前培训市场的需要，主要表现在以下7点。

1. 没有区分企业培训和学科教育

企业培训的目的是培养符合岗位需要的人才，而不是提升员工的能力。这个目的决定了企业里员工的学习规律是岗位需要什么能力，员工就有动机学习什么技能，员工学习相应的技能后，在岗位中也有运用的环境。柯氏四级评估法中，第三级行为改变，认为需要员工在培训后等待实践所学内容的机会，或者需要一个好主管支持员工在工作中运用其所学技能，或者需要培训部门去监督和奖励员工在工作中改变行为（关于柯氏四级方法的引述，均参照《如何做好培训评估-柯氏四级评估法（第3版）》、《培训审判》及近年柯氏四级认证的材料），这个理念决定了柯氏四级评估中的第三级甚少在企业中得到运用。

企业培训的目的说明，"用"是起点，企业的"培"和员工的"学"是手段。以员工"用"为起点的"行为改变"级的评估顺序是：培训前，先和业务部门一起定义员工需要解决什么技能问题或者完成什么工作行为；培训时，明确告诉员工这些要求，并训练员工；培训后，和业务部门一起检验和验收员工技能问题解决的情况或者工作行为达成的情况。

因此，总结为一句话：学科教育的理念是"学以致用"，而企业培训的理念恰恰应该是"用以致学"。

2. 混淆培训效果评估和培训评估

培训效果评估是对培养的人才的质、量的评估，以及对人才培养效率的评估。员工感觉某个培训主题不符合其需要，不属于培训效果评估的范畴，而是培训部门在培训内容的需求分析或者培训对象的选择上没有做好；同样地，员工不喜欢某个培训师也不属于培训效果评估的范畴，可能是培训部门找的讲师的风格不太符合公司文化。柯氏四级评估法中的第一级学员反应的评估，因为其操作简单、方便，应用最为广泛，但是，这一级不属于培训效果评估的范畴，而是培训部门对其需求分析、方案设计、课程＆讲师的选择、培训的组织各环节的事后的顾客满意度调查，性质上可以归属为培训评估。这一级收集的学员满意度数据不应该作为成果向公司汇报，而只能是培训部门对自我工作的一种检核；而且，目前培训市场上大部分的学员满意度评估表是主观评价中的自由裁量（详见第二章第一节），因而导致按其收集的数据的信度和效度很低，数据没有实际的参考价值。

3. 缺乏对知识分类的认识，以及对不同知识类型的认识规律的认识

知识按照形式分为四类，分别是信息、概念、原理原则和工具方法。人类认识事物的过程从浅到深有四级，分别是记忆、理解、运用和创造。每一类知识有其对应的认知过程和认知目标。理解知识的类型及其对应的认知过程和认知目标，才能有指导性地、有针对性地开展员工学习的测量；也只有理解知识的类型及其对应的认知过程和认知目标，才能保障员工学习测量的信度和效度。柯氏四级评估法中的第二级学习的评估，没

有澄清知识和技能，以及二者的关系；也没有说明测量的认知目标的参照物，因此据此的测量结果也就无法得出员工到底处于什么水平。具体地说，就是无论是客观题考试，还是主观题、实操题考核，员工得分高只能说明其能作答测试卷的程度高，员工得分低也只能说明其不能完全作答测试卷，并不能说明高分员工和低分员工实际学习后的真实水平（例如如果测试题都停留在较低的记忆认知层级，测试题是无法测量员工的真实水平的）。更为严重的是，无法证明高分员工的学习效果就一定比低分员工的好，连基本的定序都无法做到，这是不是很糟糕。另外，柯氏四级评估法对态度的测量方式和测量频次均错误（详见第一章第二节），是无法测量到员工的真实态度的，据此采集的数据结果也就不可靠。

4. 缺乏五个一致性和知识分析

测量的五个一致性原则，即保持测量与输出、工作行为、学习内容、学习目标的五个一致性，是员工技能胜任水平测量的基本原则。测量的五个一致性原则，决定了培训的发起主体和验收主体都是业务部门，而不是培训部门的自嗨。柯氏四级评估法中的第三级行为改变的评估，甚少在实践中实现的根本原因就是没有保持测量的五个一致性原则。

测量的五个一致性原则，同时也可以保障学习内容与工作行为的一致性，即当员工学习了相应的知识，并达到运用的认知程度，就形成了员工的技能，就已经展现出对应的工作行为。员工对知识的学习与工作行为展现是有逻辑关系的联系的。柯氏四级评估法中的第三级行为改变的评估和第二级学习的评估，由于缺乏测量的五个一致性原则，导致在二级和三级之间的应用出现巨大的鸿沟，柯氏四级评估法无法证明第二级学习和第三级行为之间的关联关系，也就不能得出第二级学习是第三级行为改变的前提这个结论。由于缺乏测量的五个一致性及对知识的详尽分析，柯氏四级评估法中，无论是二级评估，还是三级评估，都无法测量员工技能的实际水平。

5. 缺乏技能对绩效支持的证据链

影响绩效的因素有很多个，员工的技能只是其中之一，且员工的技能对绩效的贡献程度因为岗位差异、公司战略要求等各不相同。由技能对绩效造成的影响分四种情况：（1）绩效与技能正相关，技能影响绩效的系数大；（2）正相关，系数小；（3）负相关，系数大；（4）负相关，系数小。绩效与技能之间可以建立回归方程，量化二者之间的关系。柯氏四级评估法中的第四级业务结果的评估，提出了建立员工技能与绩效之间联系的想法，这个想法非常棒，但是由于缺乏员工技能对绩效支持的证据链，从而将技能对绩效的贡献变成了主观意愿的猜想，而缺乏实质的论证，是很容易让培训部门在业务部门那里自讨没趣的。

6. 混淆分层分级和分类

分层分级是将拥有同类质性的对象，按照高低、大小的程度做划分。例如按照员工技能水平的高低，将员工分为优秀、良好、合格、不合格四层或者四级，按照员工绩效水平的高低，将员工分为高绩效员工、中绩效员工、低绩效员工三层或者三级。（详见第二章第一节）。

分类是将拥有同类质性的对象放在一起，把不同质性的对象分开。例如员工和客户，二者虽然有一个共同的属性是人，但我们都不用思索，就自动按照组织主体将二者分成两类。

简单地说，分层分级是量的区分，分类是质的区分。

柯氏四级评估法中，一级学员反映的评估、二级学习的评估、三级行为改变的评估、四级业务结果的评估，没有相同的质性，不属于同一类，因而不能进行分层分级，其本质是四类评估而非四级评估。一二三四级的顺序是培训管理员可以组织评估的时间顺序和难易顺序，而时间顺序和难易顺序并不等同于事物之间的逻辑递进关系。

7. 缺乏统计学基础

员工在培训后是否真的提升了技能？这是需要假设验证的。即使是培训后员工的技能均值比培训前高，我们也不能武断地说员工培训后的技能提高了，因为在员工技能测验过程中，误差是始终存在且无法消除的。（详见第六章第一节）。柯氏四级评估法使用（试验组后测均值-前测均值）-（对照组后测均值-前测均值）的分析方法，不仅难以在实际工作中实行，而且这种简单的求群体平均数然后相减的方法从群体差异的检验角度来说，是错误的。列举一个极端的反例：张三在区域A组织了一个培训项目，他的试验组后测均值减去前测均值是8，而对照组差值是5；李四在区域B也组织了同类的培训项目，他的试验组后测均值减去前测均值是6，而对照组差值是-5，那么能说明张三比李四组织的项目好一些还是差一些呢？这些数字什么结论也说明不了，因为张三、李四的试验组的后测是否真的比前测高，张三、李四的对照组前后测是否真的存在差异，都没有做过群体差异的检验。因此，柯氏四级评估法的后测、前测简单相减的方法是错误的。

《实践论》中说：人们要想得到工作的胜利即得到预想的结果，一定要使自己的思想合于客观外界的规律性，如果不合，就会在实践中失败。人们经过失败之后，也就从失败取得教训，改正自己的思想使之适合于外界的规律性，人们就能变失败为胜利。

同样，在培训和培训效果评估领域，所使用的方法也要符合企业对人才培养和发展的目的目标、知识的类型和人的认识过程的规律性，才能将培训和培训效果评估做正确。